As
NOVE
lições
essenciais
que aprendi
sobre a vida

As NOVE lições essenciais que aprendi sobre a vida

Harold S. Kushner

Tradução
Cecília C. Bartalotti

1ª edição

Rio de Janeiro | 2016

CIP-BRASIL. CATALOGAÇÃO NA PUBLICAÇÃO
SINDICATO NACIONAL DOS EDITORES DE LIVROS, RJ

K98n
Kushner, Harold S., 1935-
As nove lições essenciais que aprendi sobre a vida / Harold
S. Kushner ; tradução Cecília C. Bartalotti. – 1. ed. – Rio de
Janeiro: BestSeller, 2016.
160 p.

Tradução de: Nine Essential Things I've Learned about
Life
ISBN 978-85-7684-981-0

1. Judaísmo. 2. Religião. 3. Deus. I. Título.

16-31321

CDD: 158.1
CDU: 159.947

Texto revisado segundo o novo Acordo Ortográfico da Língua Portuguesa.

Título original:
NINE ESSENTIAL THINGS I'VE LEARNED ABOUT LIFE

Copyright © 2015 by Harold S. Kushner
Copyright da tradução © 2016 by Editora Best Seller Ltda.

Capa: Guilherme Peres
Editoração eletrônica: Abreu's System

Todos os direitos reservados. Proibida a reprodução,
no todo ou em parte, sem autorização prévia por escrito da editora,
sejam quais forem os meios empregados.

Direitos exclusivos de publicação em língua portuguesa para o Brasil
adquiridos pela
EDITORA BEST SELLER LTDA.
Rua Argentina, 171, parte, São Cristóvão
Rio de Janeiro, RJ – 20921-380
que se reserva a propriedade literária desta tradução

Impresso no Brasil

ISBN 978-85-7684-981-0

Seja um leitor preferencial Record.
Cadastre-se e receba informações sobre nossos lançamentos e nossas promoções.

Atendimento e venda direta ao leitor
mdireto@record.com.br ou (21) 2585-2002

Para Suzette, que tornou os bons momentos mais alegres e os momentos difíceis mais suportáveis ao longo de tantos anos

Sumário

Prefácio 9

CAPÍTULO UM
Lições aprendidas durante o caminho 11

CAPÍTULO DOIS
Deus não é um homem que mora no céu 24

CAPÍTULO TRÊS
Deus não envia o problema. Deus nos envia
a força para lidar com o problema 40

CAPÍTULO QUATRO
O perdão é um favor que você faz a si mesmo 59

CAPÍTULO CINCO
Algumas coisas são simplesmente erradas;
saber disso nos faz humanos 75

CAPÍTULO SEIS

Religião é o que você faz, não aquilo em que acredita 97

CAPÍTULO SETE

Deixe espaço para dúvida e raiva em
sua perspectiva religiosa 111

CAPÍTULO OITO

Para se sentir melhor consigo mesmo,
encontre alguém para ajudar 122

CAPÍTULO NOVE

Dê a Deus o benefício da dúvida 141

*Carta de amor para um mundo que
pode ou não merecê-la* 157

Uma nota sobre o autor 159

Prefácio

Este é, em parte, um livro de memórias, uma descrição do caminho que segui da adolescência até a carreira de rabino, e do desafio que minha esposa e eu enfrentamos quando nosso filho foi diagnosticado com uma doença incurável. Também é a história de como a religião organizada, em todos os seus ramos e formulações, mudou ao longo de minha vida. A religião que ensino e pratico é muito diferente da religião que me foi ensinada. Não culpo ninguém por essa mudança, exceto, talvez, o calendário. Nasci em 1935. A maioria de meus professores na escola rabínica tinha nascido no século XIX. A maioria dos membros de minha congregação nasceu no último terço do século XX e muitos de seus filhos no século XXI. Repensar a religião e a teologia para cuidar das necessidades espirituais dessa geração tem sido a questão-chave de meu rabinato, e está na base de muito do que trato neste livro.

O crédito por boa parte do que este livro tem de melhor vai para meu editor na Alfred A. Knopf, Jonathan Segal, com quem trabalhei em vários livros anteriores. Ele me ajudou a entender qual deveria ser o assunto do livro e me orientou no processo de sua articulação. Direcionou-me para vários temas fundamentais e me desviou de becos sem saída.

Também envio meus agradecimentos sinceros a Peter L. Ginsberg, da Curtis Brown. Peter esteve comigo em quase todos os meus livros e eu não teria sido capaz de escrevê-los sem a sua dedicação.

Também sou profundamente grato à minha esposa, Suzette, a quem dediquei o livro, por seu incentivo em todos os momentos e pelo tempo e dedicação em ler o manuscrito e chamar minha atenção para pontos importantes e outros, menores, que precisavam ser alterados.

E, acima de tudo, agradeço à Fonte de todo o meu insight e entendimento espirituais, por me dar a capacidade de reconhecer o que dói nas pessoas e a linguagem para aliviar a dor delas.

HAROLD S. KUSHNER
Natick, Massachusetts

CAPÍTULO UM

Lições aprendidas durante o caminho

No século XXI, a agenda religiosa será definida não pelas respostas da tradição, mas pelas perguntas da comunidade.

Por trinta anos, eu tive o emprego perfeito. Era o rabino de uma congregação. Eu estudava, lecionava e oficiava as cerimônias celebradas ao longo da vida — bar mitzvahs, casamentos e funerais —, procurando aumentar a alegria e amenizar o sofrimento desses momentos com minhas palavras e com elementos da tradição judaica, coisas que eu tinha sido ensinado a fazer e que me sentia bem fazendo. (Confesso que havia mais um aspecto de ser rabino de uma congregação que me agradava. Eu li que a coisa mais assustadora que uma pessoa pode imaginar, mais ainda que o medo da morte, é o medo de falar em público. Isso não se aplica a mim. Em uma sala em que duzentas pessoas estiverem sentadas ouvindo e uma pessoa estiver de pé falando, eu sempre estarei muito à vontade sendo a que está falando.)

Não sei bem como acabei sendo rabino. Nunca foi minha intenção. Não acho que algum dia tenha me ocorrido, ou a meus pais, que de vez em quando insinuavam que gostariam que eu fosse médico. Entrei na faculdade sem a menor ideia de qual profissão escolheria, esperando lá encontrar uma direção. Meu pai era um empresário bem-sucedido, o que eliminava essa opção de carreira para mim. Eu não queria trabalhar no ramo e fracassar, decepcionando meu pai, nem queria entrar nos negócios e ter mais sucesso do que ele (algo bem improvável). Conheci famílias em que isso não foi motivo de orgulho, mas ressentimento.

Entrei na Columbia em 1951, escolhendo estudar "artes liberais", o que deixava abertas todas as possibilidades, com exceção de medicina. Também aproveitei a proximidade entre a Universidade Columbia e o Seminário Teológico Judaico, onde minha mãe tinha estudado para ser professora de hebraico uns 25 anos antes e onde alguns dos professores mais reverenciados por ela ainda lecionavam. O Seminário oferecia aulas noturnas para estudantes que não necessariamente pensavam em investir em uma carreira na vida profissional judaica.

Nessas aulas noturnas, reconheci quatro ou cinco colegas das aulas que frequentei no primeiro ano na Columbia e nos tornamos amigos. Saíamos das aulas e ficávamos até tarde conversando sobre teologia, tentando entender o Holocausto, cujos detalhes haviam acabado de se tornar amplamente conhecidos, e discutindo o que o Estado de Israel, fundado apenas alguns anos antes, significaria para a vida judaica. Muitos desses amigos estavam planejando estudar para o rabinato, mas nenhum deles fez isso. Apenas eu acabei seguindo esse caminho. Depois de me formar na Columbia em 1955, eu me matriculei na escola rabínica do Seminário e saí, cinco anos depois, como um rabino conservador.

Minha vida espiritual, aquilo em que acredito e que ensino e pratico, foi influenciada, em grande medida, por dois conjuntos de circunstâncias. O primeiro foi a casa em que

Lições aprendidas durante o caminho

cresci e a sinagoga que eu e minha família frequentávamos. O rabino do Brooklyn Jewish Center era Israel Levinthal, reconhecido como um dos melhores pregadores da comunidade judaica americana. Ouviam-se histórias de que judeus ortodoxos atravessavam a ponte Williamsburg, vindo do Lower East Side para o Brooklyn, nas sextas-feiras à noite (já que não podiam pegar trens no sábado, por causa do sabá), para ouvir Levinthal falar. Dizia-se que todo rabino conservador recém-ordenado ia para seu primeiro púlpito com dois livros na bagagem: o guia de bolso da prática judaica e os sermões reunidos de Israel Levinthal. Até hoje não consigo me sentar para escrever um sermão sem sentir a presença do rabino Levinthal espiando sobre meu ombro para garantir que eu esteja sendo fiel ao texto.

Eu descreveria a religião praticada em minha casa como "observante, mas não compulsiva". Quando acendíamos as velas do sabá em uma noite de sexta-feira ou seguíamos as prescrições tradicionais sobre comidas permitidas e proibidas, nunca tive a sensação de que estivéssemos obedecendo a uma ordem de um Deus que ficaria descontente se não o fizéssemos, nem ficávamos pensando nas consequências de cometermos algum erro sem querer. O que sentíamos é que estávamos fazendo uma declaração sobre quem éramos como família, e embora eu ache que a palavra não tenha passado pela cabeça de nenhum de nós, estávamos trazendo alguma santidade para uma casa comum de classe média, transformando momentos mundanos em compromissos com Deus. Eu não poderia ter previsto, na época, que o conceito de "observante, mas não compulsivo" e a ausência de uma crença em um Deus que nos puniria pela desobediência viriam se tornar as bases de minha vida pessoal e profissional.

A segunda circunstância que definiu minha perspectiva religiosa foi a doença e a morte de nosso filho Aaron. Ele foi diagnosticado com uma das doenças mais raras do mundo: progéria, a síndrome do "envelhecimento rápido", como contei em meu livro *Quando coisas ruins acontecem às pessoas boas*. Foi na presença de meu filho doente e a caminho da morte que descobri como era inadequada a perspectiva tradicional em que eu havia crescido e que me havia sido ensinada, de que Deus tem suas razões, que não podemos compreender ou julgar. Isso não fazia aquele sofrimento ter sentido nem nos oferecia muito conforto. Para que eu continuasse a servir como rabino e honrasse a memória de meu filho, precisaria encontrar uma explicação melhor.

Considero a primeira circunstância, a religião do meu lar e da sinagoga que eu frequentava na infância, como "religião bem-praticada", a religião que influencia uma comunidade e gera momentos especiais em uma casa como outra qualquer. E penso na segunda como meu encontro com a "religião malpraticada", mais preocupada em proteger a reputação de Deus do que ajudar devotos quando eles mais precisam. A ideia de que um Deus sábio e todo-poderoso, totalmente bom, deve ter Suas razões para infligir uma doença incurável a uma criança inocente, razões além da compreensão da mente ou da alma humanas, era pior do que inútil. Ela era ofensiva, dizendo-nos: "Vocês devem ter feito algo para merecer isso" ou, "Com o tempo, vocês compreenderão que essa era a coisa certa a lhes acontecer". Ouvi isso de muitas pessoas depois da publicação de meu livro: "Agora você sabe por que Deus fez isso com seu filho, foi para que você escrevesse este livro e ajudasse milhões." Sinto muito, mas prefiro acreditar que qualquer Deus merecedor

Lições aprendidas durante o caminho

de reverência diria: "Eu não preciso que você seja meu assessor de imprensa. Preciso que você leve consolo e conforto aos meus filhos sofredores na Terra."

Mais do que qualquer outra coisa, meu meio século de serviço congregacional e meu punhado de livros foram dedicados a reformular essa teologia tradicional. Fiz isso não para proteger Deus de maus teólogos e da ira justiceira das pessoas, mas para salvar os que precisam de Deus de ter que escolher entre um Deus cruel ou nenhum Deus.

Ouvi uma história alguns anos atrás sobre um casal que foi comemorar o vigésimo aniversário de casamento jantando em um restaurante chique. Quando saíram do restaurante, entraram no carro para voltar para casa. A esposa virou-se para o marido e disse: "O que aconteceu conosco ao longo dos anos? Você lembra, quando estávamos namorando, ou no início do casamento, que entrávamos no carro e ficávamos pertinho um do outro, abraçados durante o caminho? Olhe agora como estamos sentados distantes." O marido respondeu apontando para o volante e dizendo: "Eu não mudei de lugar."

Para muitos de nós, houve um tempo, quando éramos jovens, que nos sentíamos perto de Deus. Havíamos aprendido que Deus nos amava e estava cuidando de nós, e isso fazia com que nos sentíssemos seguros. Tentávamos ser merecedores do amor de Deus e sentíamos culpa toda vez que falávamos uma mentira ou pegávamos alguma coisa que não nos pertencia. Quando ficávamos sabendo do sofrimento de outra pessoa, como quando meu melhor amigo morreu de um tumor no cérebro, aos 10 anos, buscávamos apoio na pressuposição de que Deus sabe o que é melhor para nós. Essa fé de criança não durou para sempre. Guerra, crimes, doenças sérias afetando pessoas que amamos, a verdade que surgia sobre o Holocausto e as decepções inevitáveis da vida nos custaram essa fé simples de nossa infância e, como a esposa da história, acabamos nos sentindo distantes do Deus de quem antes nos sentíamos tão próximos, mas que agora nos deixava em dúvida. Espero que este livro, que nasceu de minhas próprias lutas com a fé perdida e recuperada, ajude a fazer essa ponte e nos mostrar que Deus não mudou de lugar: fomos nós que passamos a vê-Lo com mais clareza.

Meus anos na escola rabínica foram um extraordinário banquete intelectual. Por quatro anos (mais um ano de estudo independente em Israel) estive diariamente, se não de hora a hora, diante de pessoas brilhantes, grandes eruditos, homens que dominavam (e, em alguns casos, haviam criado) suas áreas de conhecimento. Tive o privilégio de ver três vezes por semana Saul Lieberman analisar uma página complicada do Talmude. Fui apresentado a um novo nível de erudição bíblica, ao mesmo tempo crítico e reverente. E conheci o homem que viria mudar minha vida: Mordecai Kaplan. Enquanto meus outros professores tinham respostas para perguntas relacionadas ao texto, o professor Kaplan tinha perguntas para desafiar as respostas que trazíamos para a classe. Ele encabeçou uma revolução copernicana ao deslocar o centro de gravidade da religião das obediências divinamente ordenadas para a vontade coletiva da comunidade. O judaísmo era o que os judeus sérios faziam, não o que os livros descreviam que eles faziam. O cristianismo seria definido pelo modo como os cristãos agiam hoje, não pelo que os eruditos medievais escreveram muito tempo atrás. Ele me preparou para a crise que derivaria da única

Lições aprendidas durante o caminho

falha grave em minha excelente educação rabínica. Falarei mais sobre isso adiante.

Fui ordenado rabino em junho de 1960. Antes de iniciar a carreira, os recém-formados precisam prestar dois anos de serviço em algum lugar que não costuma ser de fácil acesso a um rabino: uma pequena congregação, uma organização de atendimento aos necessitados ou a capelania militar. Eu me ofereci para a capelania. Este país foi muito bom para minha família, acolhendo meus pais quando eles imigraram da Lituânia, educando meu irmão e a mim, enviando um exército para derrotar os nazistas antes que eles pudessem concluir a destruição dos judeus europeus, e eu sentia que lhe devia algo por isso. Como religioso, eu era dispensado do recrutamento militar, então, tive que recorrer ao tribunal para renunciar à dispensa. Fui nomeado primeiro-tenente e, junto com minha noiva havia poucos meses, designado para Fort Sill em Lawton, Oklahoma.

Foi, em muitos sentidos, uma boa experiência. Tive tempo para estudar. Todas as segundas-feiras, almoçava com o psiquiatra da base militar, que fazia parte de minha congregação de lá. Ele me ensinou como compreender e dar respostas aos problemas que os soldados me traziam diariamente. E, como um colega meu disse, sendo eu um rabino recém-formado, eu tinha chance de cometer meus erros de novato com uma congregação que não podia me mandar embora.

Cumpri meu dever de dois anos, e, então, servi como aprendiz por quatro anos em uma grande sinagoga em Long Island e, no verão de 1966, assumi o púlpito do Temple Israel no subúrbio de Natick, em Boston. Não demorei a descobrir os pontos fortes e os fracos de minha formação no seminário.

Depois de anos de estudo intensivo de textos clássicos, saí da escola cheio de respostas. A mensagem implícita de minha escola rabínica era: "Essas respostas são a essência do judaísmo. Se os membros de sua congregação fizerem perguntas para as quais essas respostas não sirvam, eduque-os para que façam perguntas mais apropriadas." Parte disso funcionava. O significado e impacto emocional dos costumes e usos do judaísmo tradicional podem ser mágicos, e acredito que isto se aplique a outras religiões também. Quando bem praticados, eles podem transformar um momento qualquer em sublime. Uma cerimônia de casamento pode ser elevada de um procedimento legal mundano a uma celebração do milagre do amor e do compromisso, um ser humano confiando sua felicidade ao cuidado de outro ser humano, dando a pais e avós um vislumbre da promessa de uma espécie de imortalidade. Um bar mitzvah feito da maneira certa (com que frequência isso ocorre?) pode ser mais do que uma caprichada festa de aniversário. Ele pode celebrar a travessia de um limiar por uma criança, que passa a ser publicamente reconhecida como um adulto incipiente, capaz de dominar as habilidades requeridas dos adultos em sua comunidade. Um funeral não é apenas um modo de se desfazer de um corpo. Representa a reunião da comunidade para dar conforto àqueles de luto de maneiras consagradas e testadas ao longo do tempo, para que os que estão sofrendo não se sintam abandonados em um momento em que estão mais propensos a se sentirem sós.

Os congregantes vinham a mim com perguntas, mas muitas das perguntas não eram aquelas para as quais a formação no seminário havia me preparado. Eu sabia quais orações são recitadas no serviço do sabá, mas não tinha ne-

Lições aprendidas durante o caminho

nhuma resposta pronta para o congregante que me dizia: "Sábado é o dia mais atarefado no meu trabalho. É quando eu ganho mais dinheiro para poder pagar as contas em casa. Que direito você tem de me dizer para faltar ao trabalho nesse dia e vir ao culto?" Ou para os pais que me falavam: "A liga de beisebol é a coisa mais importante na vida de nosso filho de 11 anos neste momento. Se o templo insiste que o culto infantil é obrigatório, vamos tirá-lo da escola hebraica e não do beisebol." (Minha resposta: vemos o menino no culto infantil depois que a temporada de beisebol terminar.)

Minha formação no seminário fez de mim uma autoridade em leis alimentares judaicas. Eu tinha um impresso de três páginas especificando quais peixes possuíam escamas e barbatanas e podiam ser comidos por judeus observantes e quais peixes não as tinham e não eram kosher. Mas raramente me perguntavam sobre isso. Era mais provável que me perguntassem: "Por que devo limitar a alimentação da minha família hoje com base nas comidas que não eram boas para comer no calor do deserto do Sinai?"

Essas questões me ensinaram a primeira regra da vida religiosa no século XXI e o que a faz diferente da vida religiosa de tempos anteriores. A agenda para a religião de hoje será definida não pelas respostas de ontem, mas pelas perguntas de hoje. Eu ainda acredito que há uma grande sabedoria nas respostas de ontem. A natureza humana não mudou tanto. Mas minha educação rabínica, por mais maravilhosa que tenha sido, via os congregantes como consumidores passivos de verdades antigas e eternas. Ser religioso era obedecer, não necessariamente entender, e, certamente, não questionar. Essa perspectiva não me preparou para um mundo em que o significado de palavras como "compromisso", a estrutura da família, questões de identidade religiosa em uma sociedade aberta e os papéis atribuídos aos homens e às mulheres estavam em transformação. Essas mudanças puseram em marcha mudanças importantes no modo como judeus e cristãos respondiam a suas tradições religiosas. Sociólogos identificaram a diferença nítida entre pessoas da classe trabalhadora e da classe média como resultado de quanto controle alguém tem sobre a própria vida. As pessoas da classe trabalhadora, bem como as mulheres em tempos pré-modernos, estavam acostumadas a seguir ordens, submetendo-se à autoridade. Por outro lado, pessoas da classe média e das classes mais altas entendem que não é obediência, mas, sim, discernimento, o que os outros esperam delas. Elas sentem que têm não só o direito, mas a obrigação de questionar o modo como as coisas sempre foram feitas. Citar um versículo do Levítico para justificar a exclusão de gays ou apontar para mil anos de precedentes para fundamentar o celibato sacerdotal não são mais argumentos persuasivos.

Meu trabalho como rabino não era simplesmente conformar nem informar, mas transformar. Às vezes, isso significava tentar mudar o comportamento de um congregante para que ele aceitasse valores tradicionais e, outras vezes, significava mudar a observância, retirando sua antiga roupagem para que a mensagem em seu interior se revelasse com mais facilidade. Arthur Hertzberg, um historiador, propôs uma teoria para explicar por que os imigrantes judeus americanos mostraram-se tão prontos para dispensar práticas que faziam parte do estilo de vida judeu há séculos. Ele perguntou: "Durante as grandes ondas de imigração da Europa Oriental, entre 1881 e 1924, quais judeus dessa re-

Lições aprendidas durante o caminho

gião tinham maior probabilidade de emigrar e quais tendiam a permanecer lá?" De modo geral, eram os jovens, os mais ambiciosos, aqueles a quem a vida judaica na Europa tinha menos a oferecer, que embarcavam nos navios. Os mais instruídos, os rabinos e intelectuais, tendiam a permanecer. Como resultado, acabamos com uma grande população que tinha forte noção de identidade judaica, mas poucos líderes religiosos e pouquíssimo conhecimento consistente da história e das razões daquilo que os judeus tradicionalmente faziam. Para esses migrantes, a vida judaica era uma mistura de costumes de festividades vagamente lembrados e superstições polonesas. A mensagem que eles transmitiram para seus filhos foi: "Isto é o que os judeus fazem. Não me pergunte o motivo ou o que significa. Apenas faça."

Meu trabalho exigia que eu escutasse com atenção o que meus congregantes diziam, às vezes, para transpassar o véu de raiva ou zombaria que envolvia suas perguntas e tentar ouvir o frágil eco de uma alma desejosa de uma relação significativa com Deus, se esta pudesse lhes ser apresentada de uma maneira que eles a respeitassem intelectual e moralmente. A mulher que não conseguia entender a necessidade de chorar pela morte recente do pai, que não amava, um homem que abandonara a esposa e ignorara os filhos, não estava me dizendo de fato que não achava necessário chorar por ele. Ela estava dizendo, quer se desse conta disso ou não, que o luto pelo homem que lhe dera a vida e depois a rejeitara seria um processo complicado, e ela não sabia por onde começar. Seus sentimentos eram intensos, mas confusos, e ela estava pedindo minha ajuda para lidar com eles, mesmo que não percebesse que era isso o que ela estava fazendo. Eu teria traído a confiança dos congregantes que diziam não ter a intenção de chorar a morte do pai por não se sentirem religiosamente inclinados a isso se não os tivesse alertado que aquilo não era apenas uma questão de obedecer ou ignorar as regras do judaísmo. Não podemos deixar para lá a perda de um pai da forma como deixamos para lá a perda de um filme que não conseguimos ver no cinema. Era minha obrigação alertá-los não de que Deus teria menos consideração por eles se descumprissem uma das regras do judaísmo, mas que essas regras foram criadas por seres humanos, que entendiam a alma humana, e que cada hora que eles poupassem esta semana recusando-se ao luto formal teria que ser paga com juros mais tarde, no consultório de um terapeuta.

Medidos pela escala que mencionei, os congregantes de minha sinagoga são de três tipos. Há aqueles, que Deus os abençoe e que sua tribo aumente, que amam sua religião e não se cansam dela. Eles fazem cursos, comparecem aos cultos, participam de comitês, apresentam-se como voluntários para levar refeições aos que estão confinados em casa e vivem à procura de maneiras de melhorar as coisas. Eles não fazem isso para que Deus os aprecie mais, mas porque gostam mais de si próprios quando agem assim. Depois, há aqueles que comparecem apenas aos ritos mais importantes e aos eventuais bar mitzvah da família. (Eu fico imaginando se há algum outro aspecto na vida deles em que avaliam o quanto ganham pelo sacrifício.) Mas, talvez, os mais interessantes sejam as pessoas que me questionam, não como uma espécie de jogo ("Vamos ver se conseguimos dobrar esse rabino"), mas por verdadeira vontade de aprender. Eles sentiram que a religião, como lhes foi apresentada ao longo da vida, não merece seu respeito intelectual nem seu vínculo emocional. Seu trato implícito comigo é que eles levarão a

Lições aprendidas durante o caminho

religião mais a sério se eu conseguir lhes mostrar não como ela é tradicional e consagrada, mas como ela pode responder suas perguntas mais profundas, perguntas sobre relacionamentos, sobre a injustiça da vida, sobre certo e errado, sobre vingança e perdão e sobre o significado e propósito da vida. Ninguém na escola me disse que esse seria o meu desafio, mas raramente passo um dia sem me confrontar com ele. Essa foi a falha em minha formação rabínica. Quando fui ordenado rabino aos 25 anos, eles me disseram que eu estava pronto para sair e ensinar. A verdade é que, na melhor das hipóteses, eu estava pronto para sair e aprender.

CAPÍTULO DOIS

Deus não é um homem
que mora no céu

Cheguei ao meu púlpito em Natick preparado para assumir o papel de Defensor da Fé. Eu sabia que ia interagir com congregantes que me questionariam sobre a credibilidade das histórias bíblicas e a relevância das obrigações judaicas, e estava preparado para tentar convencê-los. Mas algumas das ocasiões mais frustrantes aconteceram quando fui procurado por um adolescente cujas primeiras palavras para mim foram: "Eu não acredito em Deus." O jovem dizia isso como um desafio ("Eu não acredito em Deus e desafio você a me convencer que estou errado"), mas outras pessoas, buscando respostas com uma postura menos combativa, diziam o mesmo, de coração ("Eu gostaria de poder acreditar em Deus, mas como posso quando leio sobre certas coisas que acontecem no mundo?"). Tipicamente, o ceticismo podia ser atribuído a um de dois fatores: o impacto da morte de alguém próximo, muitas vezes depois de uma doença longa e dolorosa, ou as atrocidades do Holocausto, que tornava difícil acreditar que Deus estivesse no comando deste mundo tantas vezes cruel.

Deus não é um homem que mora no céu

Eu compartilhava com o jovem as "provas" mais comuns da existência de Deus — o argumento da inteligência ordenadora, o Motor Imóvel etc. —, mas acho que nunca o convenci com isso, ou a mais ninguém, na verdade. É mais provável que eu tenha tornado as coisas ainda piores. "Se um rabino não é capaz de apresentar argumentos melhores para a existência de Deus, acho que não há argumentos convincentes. É tudo ilusão", disseram-me uma vez.

Então, um dia, um colega mais astuto me contou uma tática que ele usa e que, aparentemente, vem do grande pregador protestante Harry Emerson Fosdick. Em vez de argumentar com esse jovem congregante e esperar que ele mudasse de ideia, meu amigo lhe diria: "Fale-me sobre o Deus em que você não acredita. Há muitos deuses em que eu não acredito. Talvez descubramos que nós dois rejeitamos a mesma noção de Deus e, então, talvez possamos encontrar um entendimento de Deus que nós dois aceitemos."

Eu não acredito que Deus é uma pessoa que mora no céu. Na verdade, até mesmo referir-se a Deus como "Ele" é uma representação equivocada daquilo em que acredito, mas sou prisioneiro de nosso idioma, que não tem um pronome de gênero neutro. (E me recuso a me referir a Deus como "isso".) Só posso recorrer à desculpa de que Deus, no hebraico bíblico, é gramaticalmente masculino, mas funcionalmente tanto masculino como feminino; às vezes, um Deus-Pai rígido e exigente, às vezes, um Deus-Mãe acolhedor, reconfortante, incentivador.

Simpatizo com a sugestão de um gramático (gostaria de me lembrar do nome dele) de que "ela" sempre se referirá a um sujeito exclusivamente feminino, mas "ele" pode não apontar para um sujeito masculino. Ele sugere que "ele" pode se referir a um membro de uma população de gênero misto ou indeterminado, enquanto "ela" é reservado para um sujeito especificamente feminino (assim como Eva foi tirada do corpo de um Adão andrógino para moldar uma criatura especificamente feminina). Um Deus gramaticalmente masculino pode se referir a uma entidade divina que incorpora as polaridades de gênero, enquanto uma divindade gramaticalmente feminina sempre seria uma deusa.

Temos uma saboneteira em nosso banheiro que reproduz a cena da pintura de Michelangelo da Capela Sistina, o momento em que Deus estende a mão para tocar Adão e trazê-lo à vida. Ela representa Deus como um homem musculoso com cabelos grisalhos e uma longa barba branca. É uma grande obra de arte, mas não funciona bem na teologia. Acredito que perdemos mais do que ganhamos quando oferecemos às pessoas uma imagem de Deus que elas possam ter como referência. Isso torna Deus real e acessível para elas ao custo de lhes dar informações teológicas enganosas sobre a natureza de Deus.

Quando assumi a tarefa de organizar o livro *Etz Hayyim*, o comentário da Torá para o movimento conservador judaico, a primeira exigência do comitê consultor oferecido pelo movimento foi que escrevêssemos um comentário livre de gêneros quando falássemos de Deus. Eu lhes disse: "Não sei se vou conseguir fazer isso. Concordo com seu objetivo, mas não vou escrever uma frase como 'Aqui Deus diz ao povo de Deus que Deus os punirá se eles rejeitarem as ordens de Deus.'" Mas eles insistiram, e conseguimos redigir um comentário que dizia tudo que queríamos dizer sem nos referirmos a Deus como "Ele" e sem agredir o idioma.

Deus não é um homem que mora no céu

Certa vez, em uma conferência, me perguntaram qual dos Dez Mandamentos era o mais difícil de obedecer. Pensando bem, agora acredito que talvez a melhor resposta teria sido o quinto, aquele sobre honrar pai e mãe. Acredito que seja, provavelmente, impossível alguém passar pela adolescência sem ter nenhuma briga feia com os pais ou sem fazer algo que os constranja. Mas a resposta que dei foi o segundo, sobre não fazer ídolos ou imagens esculpidas de Deus, que geralmente consideramos como o mais fácil de evitar. Quem cultua ídolos atualmente? Mas não é disso que o mandamento trata. Ele nos diz para não representar Deus em forma humana (ou animal), do modo como Michelangelo faz em nossa saboneteira. "Não fazer imagem esculpida de Deus" significa "não representar Deus como uma coisa".

No início de minha carreira rabínica, quando eu era mais jovem e tinha uma interação mais fácil com as crianças, às vezes, entrava em uma das salas de nossa escola religiosa e conversava com as crianças de 10 e 11 anos sobre Deus. Eu dizia a elas: "Se eu pedisse que você fizesse um desenho de Deus, o que você desenharia?" Quase sempre, um dos alunos respondia com algo saído direto de Michelangelo: "Deus é um homem velho e sábio, com barba comprida e cabelos grisalhos." Outro poderia dizer: "Deus é um homem alto, de barba preta e usa um quipá" (uma espécie de solidéu usado por homens judeus devotos).

Depois de mais algumas sugestões nessa linha, eu dizia: "Essas ideias são muito interessantes, mas há uma resposta que pensei que alguém poderia me dar, mas ninguém deu. Achei que, talvez, quando eu lhes pedisse para fazer um desenho de Deus, alguém pudesse dizer: 'Nós não devemos fazer isso.' Afinal", eu continuava, apontando para uma lista dos Dez Mandamentos na parede da sala de aula, "esse não é um dos Dez Mandamentos? Não fazer imagens de Deus? Por que vocês acham que temos esse mandamento? É porque o desenho não ficaria bom o bastante e Deus poderia ficar magoado?

"Acho que não. Acho que é porque Deus não é uma pessoa como nós, que mora no céu. Deus é real, mas é real de uma maneira muito diferente de mim ou de vocês. Se tivermos uma imagem de Deus como um homem, isso significa que Deus é um homem e não uma mulher e que os homens são mais similares a Deus do que as mulheres? Se Deus em seu desenho for velho, devemos nos preocupar que Deus talvez não compreenda os problemas que vocês, jovens, enfrentam? Se Deus em seu desenho tiver a pele branca, uma criança de pele negra ou morena, ou uma criança asiática, deve sentir que está menos próxima de Deus do que crianças de pele branca e olhos azuis?"

Como nossa mente só pode trabalhar em termos concretos, como é difícil pensar em algo abstrato, inevitavelmente, pensamos em Deus do jeito como pensamos nas pessoas, mesmo quando tentamos lembrar que isso não é exato. Conta-se uma história da menininha que perguntou à mãe: "Deus tem pele?" A mãe, que tinha algumas ideias maduras sobre religião, respondeu: "Não, querida, Deus não tem pele." A menininha riu e disse: "Ele deve ser engraçado sem pele."

O filósofo judeu medieval Maimônides talvez tenha tido a melhor solução quando escreveu que Deus não tem forma física, mas como nós, humanos, só podemos pensar em termos físicos, imaginamos Deus como uma pessoa. Falamos que nossas orações chegam aos ouvidos de Deus, esperamos que nossas ações sejam agradáveis aos olhos de

Deus não é um homem que mora no céu

Deus, contamos na Páscoa a história de como a mão de Deus esmagou os egípcios. Maimônides nos alerta que esse tipo de pensamento sobre Deus é inevitável, mas, mesmo quando o usamos, temos que nos lembrar de que é nossa limitação, não a realidade de Deus, que leva a essa forma de pensar e de falar.

Representar Deus em imagens é defini-Lo, e defini-Lo é limitá-Lo. Isso é o que uma definição faz: ela inclui algumas coisas e exclui todo o restante. Ter a presunção de definir Deus dá a impressão de que sabemos tudo o que há para saber sobre Deus. Eu prefiro que acreditemos e digamos que o esforço de entender o que Deus pode significar em nossa vida é contínuo e inacabável. Isso deve nos ensinar a trabalhar a ideia de Deus com humildade.

A ideia de que Deus está lá para fazer o que precisamos ou o que esperamos que ele faça foi o que enfureceu Deus no capítulo 32 do Êxodo, a história do Bezerro de Ouro. Depois da Revelação no Monte Sinai, Moisés subiu a montanha para receber as palavras dos Dez Mandamentos do próprio Deus. Moisés permaneceu lá em cima por tanto tempo que os israelitas se sentiram abandonados. Fora Moisés quem os havia apresentado a Deus, dito o que Deus exigia deles e o que lhes oferecia em troca. Ele havia sido a corporificação visível da atenção de Deus por seu povo. Ele era sua ligação com Deus. Desse modo, os israelitas convenceram o irmão dele, Aarão, a lhes construir uma estátua de um touro (uma imagem de formidável poder e força, embora a Bíblia o deprecie chamando-o de bezerro) para representar a presença constante de Deus em seu meio. Isso fez Deus zangar-se com eles. Dias depois de prometer não fazer uma imagem de Deus, eles haviam cedido à fraqueza humana de não acreditar em algo que não pudessem ver. Mas um Deus que pudéssemos ver seria um Deus limitado. Esse Deus teria algumas características, mas sua especificidade excluiria que Ele tivesse outras.

Para criar uma representação viável de Deus é inevitável identificar certos traços — masculinidade, juventude ou idade avançada, força — como divinos e sugerir que seus opostos já não são tanto.

Quando eu digo "O Senhor é um", como faço diariamente em minhas orações, não estou fazendo uma declaração matemática. Esse não é um relatório da população de seres divinos no céu. É uma declaração teológica. Não é, como muitas pessoas a interpretam, uma negação da significância religiosa de outros seres supostamente divinos: Deus é Deus e eles não são. Ela é a insistência de que Deus engloba todas as polaridades, masculina e feminina, jovem e velho, exigente e compassivo. Tudo, todas as polaridades, encontram seu lugar em Deus. "Deus é um" significa algo como "Deus é tudo".

Há uma passagem no capítulo 17 do Gênesis em que Deus muda o nome do ancestral dos israelitas. "Não mais te chamarás Abrão (*Abram*), mas teu nome será Abraão (*Abraham*)" (Gênesis 17:5). Alguns estudiosos da Bíblia veem isso como a conciliação de dois dialetos semíticos. Vários comentadores tradicionais relacionam o novo nome à palavra hebraica "*hamon*", que significa "multidão", à luz do que Deus diz mais adiante no versículo: "Eu te faço pai de uma multidão de nações." A explicação mais comum é que a letra *H* (a letra *heh* em hebraico) é uma abreviatura do Nome de Deus sagrado, YHWH, e que a mudança do nome significa que Deus "marcou" Abraão (*Abraham*) como pertencendo a Ele.

Deus não é um homem que mora no céu

Eu sugiro outra explicação possível. Em hebraico, a letra *H* é usada, com frequência, para indicar o feminino gramatical. Muda-se um verbo ou substantivo do masculino para o feminino acrescentando um *H*. Na narrativa do Gênesis, antes de ter o nome alterado por Deus, Abraão mostra-se um marido insensível e pouco amoroso. Duas vezes, quando a fome leva Abraão, sua esposa Sara e seus rebanhos para áreas perigosas em busca de pastos, ele apresenta Sara como irmã, não como esposa, para que o governante local sinta-se livre para levá-la a seu harém sem ter que matá-lo primeiro (Gênesis 12:10-13 e, de novo, em 20:1-7). Só depois de o *H* ser acrescentado é que Abraão se torna um marido atencioso, e só então ele e Sara conseguem ter um filho. Pode ser que o acréscimo do *H* em seu nome tenha posto Abraão em contato com seu lado feminino, ajudando-o a se tornar um ser humano mais completo e preparando-o para as responsabilidades da paternidade e para seu papel de fundador de uma nova fé. Ele alcançou parte da inteireza, a abrangência das polaridades, que esse Deus recém-encontrado representa.

"Fale-me sobre o Deus em que você não acredita; talvez eu não acredite nele também." Eu não acredito que "Deus" é outro nome para Papai Noel. Que Ele sabe quem se comportou mal e quem foi bonzinho e, com base nisso, conceda ou negue nossos maiores desejos. O cantor de música country Garth Brooks teve uma canção de sucesso anos atrás chamada "Unanswered Prayers", que significa "preces não atendidas". Nela, ele fala de um homem que vai a um evento comunitário e vê uma mulher mais ou menos da sua idade, que ele reconhece como uma garota por quem tinha sido apaixonado no colégio. Naquela época, todas as noites ele ia dormir rezando para que Deus a fizesse amá-lo como ele a amava, e não compreendia por que Deus não atendia o desejo tão sincero de um adolescente devoto. Então, tantos anos depois, ao ver quem ele se tornou quando adulto e quem ela se tornou quando adulta, ele chega à conclusão de que "alguns dos maiores presentes de Deus são preces não atendidas".

Eu achava que era uma música bonita, mas de péssima teologia. Não concordo com a tática de tornar más notícias aceitáveis insistindo que Deus sabe melhor do que nós mesmos o que é bom para nós. Isso pode funcionar para um adolescente apaixonado por uma colega na aula de matemática, mas, e quanto a um pai ou uma mãe rezando pela cura de um filho doente? E quanto a um desempregado rezando por uma chance de ganhar o suficiente para sobreviver? Conheci muitas pessoas que tentaram barganhar com Deus. Elas rezavam por algo e lembravam a Deus suas muitas virtudes, de caridade a comparecimento à igreja e à sinagoga. (De onde tiramos a ideia de que frequentar a igreja ou a sinagoga é um favor que fazemos a Deus, e, por isso, Ele nos deve algo?) Às vezes, elas obtinham o que esperavam, e eram rápidas em agradecer a Deus por isso. Na maior parte do tempo, porém, ficavam aborrecidas consigo mesmas por não merecerem o prêmio ou aborrecidas com Deus por não lhes proporcionar o resultado que achavam que mereciam.

De modo geral, eu tenho uma atitude "viva e deixe viver" em relação à teologia das outras pessoas. Se funciona para elas, quem sou eu para privá-las de uma crença que lhes faz bem. Como posso ter certeza de que estou certo e elas estão erradas? Mas eu me lembro de uma vez em que perdi todo o respeito por alguém devido ao que essa pessoa falou sobre Deus.

Deus não é um homem que mora no céu

Nosso filho, Aaron, frequentava uma escola judaica particular afiliada ao movimento conservador. Além de querer que ele tivesse uma educação e um ambiente religiosos mais intensos, também achávamos que uma escola pequena que priorizava mais a excelência acadêmica do que a prática esportiva seria mais adequada para Aaron, devido às limitações físicas dele. Funcionou muito bem, exceto por uma única vez.

Quando Aaron estava no segundo ou terceiro ano, notamos que ele começou, de repente, a tratar a irmã mais nova com mais gentileza. Vivia perguntando se havia alguma coisa que pudesse fazer em casa para nos ajudar. Estava até mais dedicado aos estudos e aos serviços religiosos na escola. De tempos em tempos, ele me fazia perguntas sobre o que significava ser bom, sobre o que era um bom comportamento. Ficamos intrigados, mas não havia razão para questionar seu novo modo de agir.

Depois de algumas semanas, Aaron ficou subitamente deprimido e triste. Uma ou duas vezes, nós o ouvimos chorar na cama até dormir. Então, a verdade apareceu. Um de seus professores, cujas noções de Deus e oração eram mais extremas que a do restante do corpo docente, tinha dito para a classe que, se alguém quisesse muito uma coisa e fosse bom, seguisse todas as regras da Torá e rezasse muito por esse desejo, Deus o realizaria. Aaron tentou, com muito empenho, ser bom, e desconfiamos que ele estava rezando para que Deus o fizesse normal como as outras crianças. Como isso não aconteceu, ele ficou profundamente desiludido com a oração, com a religião e com os serviços religiosos.

Para mim, as pessoas são livres para acreditar no que quiserem, sobre a eficácia da oração. Mas dar esperança a uma

AS NOVE LIÇÕES ESSENCIAIS QUE APRENDI SOBRE A VIDA

criança com uma condição médica incurável de que uma vida exemplar faria com que Deus atendesse sua oração é um ato imperdoável de injustificada crueldade.

Talvez você se lembre de que houve uma experiência em 2006 para ver se a oração ajudava pessoas doentes a se curarem mais depressa. Um grande grupo de pacientes pós-operados, agrupados por gravidade da doença e estresse, foi dividido em três partes iguais. Um grupo recebeu orações de pessoas que acreditavam no poder da oração para invocar a graça curadora de Deus, e as pessoas desse grupo foram avisadas de que estavam rezando por elas. Um segundo grupo também recebeu orações desse tipo, mas as pessoas do grupo não foram avisadas disso. E um terceiro grupo não recebeu orações. Não houve nenhuma diferença discernível na velocidade ou qualidade da recuperação deles.

A CNN me entrevistou pouco depois que os resultados foram anunciados e perguntou: "Isso prova que a oração é uma perda inútil de tempo e esforço?" Eu respondi ao entrevistador: "Isso não prova nada. Não é trabalho de Deus tornar saudáveis pessoas doentes. Isso é trabalho dos médicos. O trabalho de Deus é dar coragem às pessoas doentes e, pela minha experiência, isso é algo que Deus faz muito bem."

A oração, como eu a entendo, não é uma questão de implorar ou barganhar. É um ato de convidar Deus para nossa vida, de modo que, com a ajuda divina, sejamos bastante fortes para resistir à tentação e bastante resilientes para não ser destruídos pelas injustiças da vida.

Às vezes, me perguntam: você acredita em um Deus pessoal, um Deus que sabe quem eu sou e o que estou passando? Deus sabe que sou eu que estou lhe pedindo algo? Ou Ele é uma força impessoal, como a gravidade? Eu não

Deus não é um homem que mora no céu

acredito que Deus me reconheça como Harold, o rabino conservador de Massachusetts que teve um filho que morreu. Mas também não entendo Deus como uma força impessoal como a gravidade ou o magnetismo. Para mim, Deus é como o amor, que afeta todas as pessoas, mas afeta a cada uma de um modo diferente, de acordo com quem ela é. Deus é como a coragem, um traço único que se manifesta de maneiras distintas conforme é filtrado pela vida e pela alma de indivíduos específicos.

A verdade é que a vida é injusta, e é melhor que aceitemos esse fato. Pessoas sem instrução podem ser agraciadas com habilidades esportivas ou musicais que as fazem ganhar mais dinheiro em um ano do que muitos de nós ganharemos em nossa vida inteira. Pessoas boas são acometidas por doenças antes de poderem usar seus dons para ajudar os outros. A tarefa da religião não é nos ensinar a baixar a cabeça e aceitar a vontade inescrutável de Deus. É nos ajudar a encontrar os recursos para viver de forma significativa e continuar acreditando, mesmo em um mundo em que as pessoas, muitas vezes, não recebem o que merecem.

Como nosso entendimento de Deus e da religião mudaria se pudéssemos pensar no termo "Deus" como um verbo em vez de substantivo? (Gramaticalmente, o nome hebraico de Deus, YHWH, assemelha-se mais a uma forma verbal que a um substantivo.) "Deus" não se referiria a um ator divino que faz ou não faz certas coisas acontecerem. "Deus" significaria que, em determinados momentos, aconteceriam certas coisas que dariam testemunho da presença e da atividade de Deus. Deus estaria presente no momento, não na atividade, e nossa pergunta não seria mais "Onde está Deus?" mas "Quando está Deus?". A doença seria um resultado da Natureza, mas a cura testemunharia um momento da presença de Deus.

Pense nisso desta maneira: nenhum cientista jamais viu um elétron, mas todos os cientistas concordam que elétrons existem. Nenhum físico jamais viu um quark, mas todos os físicos acreditam que quarks são reais. Por quê? Porque, quando eles olham em seus microscópios, veem coisas acontecendo que só poderiam acontecer se quarks e elétrons existissem. Acredito na realidade de Deus da maneira como cientistas acreditam na realidade de elétrons. Vejo coisas acontecendo que não aconteceriam a menos que exista um Deus.

O teólogo liberal Jim Wallis foi orador no bacharelado da Universidade Stanford em 12 de junho de 2004. Ele disse: "Durante toda a minha vida, em meu mundo cristão, me disseram que a maior batalha de nosso tempo é entre crença e secularismo, mas hoje acredito que a batalha real é... entre ceticismo e esperança." A religião pode nos ensinar a não nos desesperarmos. Às vezes, os bons vencem. Nem sempre, claro, mas vezes suficientes para nos permitir manter a esperança.

Não acredito em um Deus que trate os seres humanos como marionetes, puxando fios para que façamos coisas, ou em um Deus que passe suas manhãs decidindo quem deve viver e quem deve morrer, quanto mais quem vai ganhar um jogo de futebol na escola.

Não acredito em um Deus que nos crie com determinadas fraquezas e paixões, fazendo-nos vulneráveis à ganância, luxúria e tentação, e, depois, nos puna por não sermos perfeitos, por ceder a essas tentações ou, em algumas teologias, que nos condene até mesmo por pensar em coisas proi-

Deus não é um homem que mora no céu

bidas, um Deus para quem maus pensamentos são tão pecaminosos quanto más ações. Se você não gosta de como os seres humanos são suscetíveis à luxúria e ao egoísmo, não culpe as pessoas. Reclame com o Fabricante.

Podemos aspirar a ser melhores amanhã do que fomos ontem, mais caridosos com nosso tempo, dinheiro e atitudes. Mas os desafios de ser humano, de ser as únicas criaturas vivas que não são totalmente guiadas por instinto, são tantos e tão complexos que ninguém pode passar pela vida, ninguém pode passar por um único dia, sem fazer algo errado; não necessariamente ilegal ou perverso, mas não a escolha perfeita. Se eu posso entender essa falha quando olho para minha própria vida e para a vida das pessoas à minha volta, prefiro pensar que Deus pode entendê-la também.

Não acredito em um Deus que é tão emocionalmente carente que pode ser subornado por adulação ou obediência cega. Há uma história hassídica muito engraçadinha sobre Mendel, o alfaiate, que procura seu rabino para resolver um problema. Ele diz ao rabino: "Tento ser o melhor alfaiate que posso. Se um cliente me diz: 'Mendel, você é um alfaiate maravilhoso; você é o melhor', isso faz eu me sentir bem. Mas se alguém entrasse em minha loja todos os dias e me dissesse: 'Mendel, você é um alfaiate maravilhoso', ou se cem pessoas se amontoassem em minha loja para me dizer isso, eu ficaria louco. Não ia conseguir fazer meu trabalho. Então, minha pergunta é: Deus realmente precisa que cada judeu no mundo Lhe diga três vezes por dia como Ele é maravilhoso? Será que Ele, às vezes, não acha isso muito chato?"

O rabino responde: "Mendel, essa é uma pergunta muito boa. Você não tem ideia de como é chato para Deus ouvir nossos louvores o dia inteiro, todo dia. Mas Deus entende como é importante para nós nos lembrarmos de tudo que Ele faz por nós, por isso, em sua infinita bondade, Ele aguenta nossas orações incessantes e aceita nossos louvores."

O Deus em que eu acredito não é tão inseguro a ponto de ficar contra as pessoas que duvidem de Sua existência, nem é tão ansioso para punir a ponto de condenar as pessoas ao inferno por deslizes sentimentais, de mente ou de fé. Li o famoso sermão de 1741 do reverendo Jonathan Edwards, "Sinners in the Hands of an Angry God" (Pecadores nas mãos de um Deus bravo, em tradução livre), em que ele se refere ao "Deus que o segura sobre o poço do inferno, mais ou menos como alguém segura uma aranha, ou algum inseto repugnante, sobre uma fogueira... olhando-o como merecedor de nada mais do que ser lançado ao fogo." Ouço opiniões semelhantes de alguns evangelizadores atuais que se deliciam em conjurar a punição eterna que espera todos os que não acreditam no que eles acreditam e me vejo incapaz de reconhecer o que eles defendem como religião.

Alguns anos atrás participei de um painel inter-religioso no programa de televisão do Larry King. O pastor evangélico que estava no painel me disse que me respeitava como uma pessoa honesta e dedicada, mas, como eu não acreditava no que ele acreditava, não seria salvo e seria mandado para o inferno quando morresse. Respondi: "Quer dizer que vou passar a eternidade com Einstein, Gandhi e Freud e não com você?"

Não posso acreditar em um Deus tão dado a torturas sádicas contra pessoas que O desagradam que chegou a criar o inferno, e, muito menos, cultuá-Lo. Como disse um ministro protestante que conheço: "Eu acredito que o inferno existe, porque a Bíblia me diz isso. Mas também acredito

Deus não é um homem que mora no céu

que Deus é tão amoroso e misericordioso que, se há um inferno, está perpetuamente desabitado."

O Deus em que acredito não tem nenhuma obrigação de ser o tipo de Deus que gostaríamos que Ele fosse, ou mesmo o tipo de Deus que precisamos que Ele seja. Implorar a Ele, barganhar com Ele, mesmo viver de acordo com os Seus mandamentos não fará a chuva cair para nos dar uma colheita abundante, nem curará nossa doença ou nos ajudará a ganhar na loteria. O papel de Deus não é tornar nossa vida mais fácil, fazer as dificuldades desaparecerem ou cuidar delas por nós. O papel de Deus é nos dar a visão para saber o que precisamos fazer, nos agraciar com as qualidades que precisamos ter na alma para lidar com as dificuldades, por mais difícil que seja, e nos acompanhar nessa jornada.

CAPÍTULO TRÊS

Deus não envia o problema. Deus nos envia a força para lidar com o problema

Há um quadro no Museu de Belas Artes de Boston que me fascina. Quando visito o museu, não consigo tirar os olhos dele. Entre as visitas, admiro uma réplica do tamanho de um cartão-postal sobre minha mesa e, em nosso porão, uma versão maior, montada em papel-cartão que, anos atrás, foi um presente para nossa filha decorar o quarto no alojamento da universidade. O original é um quadro de tamanho médio, apenas 76 centímetros de altura e 122 centímetros de largura. Foi pintado em 1885 pelo artista americano Winslow Homer e se chama *The Fog Warning*. Poderia servir como ilustração de capa para *O velho e o mar* de Hemingway. A obra mostra um pescador solitário em um barco a remo com um grande peixe, lutando para voltar ao navio antes que entre no nevoeiro que começa a se formar. Para mim, o quadro de Homer prova a existência de Deus.

Não encontro Deus, como muitas pessoas, na beleza e ordem da natureza, na mudança das estações, no outono na Nova Inglaterra. Como posso, de cara limpa, pedir que os

Deus não envia o problema

sobreviventes do furacão Katrina em Nova Orleans, ou do furacão Sandy em Nova Jersey, ou as vítimas do tsunami na Tailândia reconheçam a presença de Deus na natureza, a menos que eu acredite em um Deus caprichoso, despreocupado com o bem-estar de Suas criaturas. Se eu celebro Deus como a fonte de recuperação da doença, também devo reconhecê-lo como a fonte de ferimentos, doenças, más-formações congênitas?

No primeiro aniversário do furacão Katrina fui convidado a falar em uma congregação inter-religiosa na maior igreja que havia permanecido em pé em Lower Ninth Ward, em Nova Orleans. Peguei como texto uma passagem do primeiro livro dos Reis, capítulo 19. A situação tinha ficado tão ruim na terra de Israel sob o governo do fraco rei Acabe e da malévola rainha Jezabel que o profeta Elias, em desespero, foge para o deserto, para o Monte Sinai, para se reconectar com o Deus de Israel, o Deus do Êxodo e dos Dez Mandamentos. Lemos: "Houve uma grande e impetuosa ventania que fendeu as montanhas e quebrou as rochas, mas o Senhor não estava nela. Depois da ventania, houve um terremoto, mas o Senhor não estava nele. Depois do terremoto, um fogo, mas o Senhor não estava no fogo. E, depois do fogo, uma voz baixa e suave" (versículos 11-12). A voz diz para Elias voltar a Israel e ajudar a melhorar a situação por lá.

"Ouviram isso?", perguntei à congregação que lotava a igreja. "Deus não estava no vento, Deus não estava no fogo. Onde estava Deus? Era dele a voz baixa e suave que inspirou seus vizinhos a saírem em seus barcos a remo para resgatar as pessoas em telhados. Deus estava na voz baixa e suave que moveu milhares de universitários a passar as férias de primavera limpando as ruas de Nova Orleans em vez de se divertir em uma praia em Fort Lauderdale. Deus é a voz baixa e suave que dará a vocês e a seus vizinhos a coragem e a determinação para reconstruir o que era e será novamente uma das maiores cidades dos Estados Unidos."

Reconheço Deus como é representado nas páginas da Bíblia, mas, mesmo assim, vejo as narrativas bíblicas refratadas através das personalidades falíveis dos seres humanos que escreveram as histórias milhares de anos atrás. Há partes da Bíblia que eu não tenho nenhum problema em aceitar do modo como elas se apresentam. Por exemplo, o rei Davi morreu e foi sucedido pelo filho Salomão. Há outras páginas que acredito que devem ser levadas a sério, mas não literalmente. A história da Criação do mundo, nas páginas iniciais do Gênesis, é importante não porque nos conta quanto tempo Deus levou para fazer um mundo (144 horas), mas porque nos fala do tipo de mundo que Deus fez: ordenado, repleto de vegetação e outras criaturas vivas capazes de se reproduzirem, e com o surgimento dos seres humanos como a culminação do processo criador. Como muitas das passagens da Bíblia, a história da Criação é um mito, e com isso não quero dizer que seja uma história inventada. Em seu livro de 2009, *Em defesa de Deus*, a especialista em religião Karen Armstrong define um mito como "algo que pode ou não ter acontecido uma vez, mas, em certo sentido, acontece o tempo todo". O mito da Criação vem para nos dizer algo sobre o mundo em que vivemos.

As narrativas da Bíblia são verdadeiras? O rabino Jonathan Sacks, antigo rabino-chefe das comunidades ortodoxas da Commonwealth, a Comunidade das Nações, não distingue entre verdade e falsidade, mas entre verdade do lado

Deus não envia o problema

esquerdo do cérebro e verdade do lado direito do cérebro. Ele escreve em *The Great Partnership* (2012) sobre

> a mente humana e sua capacidade de fazer duas coisas muito diferentes. Uma, é a habilidade de dividir as coisas em suas partes constituintes e examinar como elas se misturam e interagem. A outra, é a habilidade de unir coisas para que elas contem uma história... O melhor exemplo da primeira é a ciência; da segunda, a religião. A ciência segmenta as coisas para ver como elas funcionam. A religião junta as coisas para ver o que elas significam... A primeira, é uma atividade predominantemente do lado esquerdo do cérebro; a segunda, está associada ao lado direito do cérebro.

O lado esquerdo do cérebro nos diz como o mundo é, enquanto o lado direito nos oferece uma visão de como o mundo poderia ser.

Sacks sugere em seguida que, quando usamos o lado esquerdo do cérebro para argumentar, articulamos uma teoria, indo de um ponto a outro em uma sequência lógica da premissa à conclusão. Uma vez reconhecida a verdade da premissa, não há escolha a não ser aceitar a verdade da conclusão. Quando usamos nosso hemisfério direito, o lado intuitivo e não o lado lógico do cérebro, não propomos um argumento. Contamos uma história. Uma história ser verdadeira ou falsa não depende de que ela represente ou não o mundo como ele é ou foi, e sim de que ela produza ou não a resposta emocional "sim, é assim que a vida funciona". A filosofia grega, e o legado de Aristóteles que domina a mente científica até hoje, é implacavelmente hemisfério esquerdo. Não há espaço para emoção nela. O pesquisador médico que falsifica os resultados de uma experiência porque deseja tão ardentemente que sua cura proposta para o câncer seja verdadeira está cometendo um pecado fundamental, violando os cânones da pesquisa científica. A teologia bíblica é hemisfério direito com essa mesma intensidade, oferecendo-nos uma visão do mundo não como ele é, mas como poderia ser.

Perguntei a dezenas de amigos e alunos cristãos se eles se lembravam da primeira vez que foram apresentados ao Novo Testamento. Praticamente, todos eles, protestantes e católicos, jovens e velhos, devotos e céticos, me disseram a mesma coisa. Eles se encantaram com os Evangelhos e sabiam citar de cor algumas de suas parábolas favoritas. Mas, quanto às Epístolas de Paulo e outras, eles se sentiam como se tivessem saído do raso e mergulhado na parte mais funda da piscina. Não entendiam muito bem o que Paulo estava falando.

Os dois tipos de pensamento, do hemisfério esquerdo e do direito do cérebro, lhe darão verdade, mas serão tipos de verdade muito diferentes. O eminente teólogo Harvey Cox expressou a ideia desta maneira em *O futuro da fé* (2009): "Ao entrar no mundo grego, o território de Platão, os primeiros cristãos fizeram uma mistura de ideias bíblicas com um modo de pensar grego que muitas vezes distorceu o significado original delas."

(O leitor atento vai perceber o que acabei de fazer. Para expor meu argumento sobre o pensamento com o hemisfério esquerdo e hemisfério direito do cérebro, primeiro, citei as definições, mas depois contei uma história sobre conversas com amigos cristãos. Ofereci narrativa em vez de argumento lógico, como a Bíblia hebraica e os Evangelhos fazem. Qual modo você achou mais convincente?)

Deus não envia o problema

Sacks concluiu sua análise em *The Great Partnership* escrevendo: "Deus vive no hemisfério direito do cérebro, na empatia e na compreensão dos sentimentos dos outros, em relacionamentos marcados com o carisma da graça, não sujeito e objeto, comando e controle, dominação e submissão." Há passagens na Bíblia que refletem uma moralidade provavelmente avançada para aquela época, mas que foi superada pela evolução humana: o tratamento humanitário de escravos (que, no Israel bíblico, não eram propriedade de seu senhor, como os escravos em *A cabana do pai Tomás*, mas pessoas que, devido à dificuldade econômica, foram forçadas a vender seu trabalho para um senhor por um período de sete anos), o papel público limitado das mulheres, e outros. Há páginas na Bíblia em que profetas e salmistas oram por vingança sangrenta contra as nações que haviam devastado a terra deles — totalmente compreensível, mas não muito edificante como uma página da Escritura sagrada.

No mundo da Bíblia, fazia sentido (ou seja, era uma verdade do hemisfério direito do cérebro) acreditar que Deus tinha o controle total do mundo, que tudo que acontecia na vida era porque Deus queria, e se não fazia sentido para nós, a resposta apropriada não era criar uma teologia que explicasse, mas ter um ato de amor e confiança e aceitar o que aconteceu como a vontade de Deus. "Eu não gosto disso e não entendo, mas tenho que acreditar que Deus sabe o que está fazendo." Naquele mundo, as palavras de Jó: "Devemos receber os bens de Deus e não aceitar os males?" (Jó 2:10), eram a forma correta de reagir às desgraças.

Esse foi o caso quando, em 586 a.C., os babilônios invadiram a terra da Judeia, saquearam Jerusalém, destruíram o Templo de Salomão e exilaram os judeus para a Babilônia.

Esse deveria ter sido o fim do povo judeu, como foi o fim dos amonitas, moabitas e edomitas, que também foram conquistados e exilados. O homem que salvou o judaísmo, e tornou o cristianismo possível, foi o profeta Jeremias.

Jeremias viveu no que foi, provavelmente, o período mais traumático de toda a Bíblia hebraica. Antes da guerra, ele avisou ao povo que Deus não toleraria mais que oprimissem os fracos e vulneráveis, que uma nação que não merecia sobreviver não sobreviveria por muito tempo. Ninguém acreditou nele. Estavam extremamente confiantes de que Deus não deixaria nenhum mal acontecer ao templo que levava o nome Dele. Mas, quando aconteceu a calamidade, Jeremias era um judeu leal demais e muito devotado a Deus para ficar satisfeito com essa prova de que estava certo. Ele disse ao povo que isso lhes havia acontecido não porque o exército babilônio era mais poderoso do que seu exército, o que teria sido uma verdade do hemisfério esquerdo do cérebro, e, certamente, não porque os deuses babilônios eram mais poderosos que o Deus de Israel, mas porque o povo havia se desviado dos caminhos de Deus. Essa era a mensagem que os israelitas precisavam ouvir. Em vez de se assimilar à cultura majoritária, eles aprenderam a cultuar o Deus de seus antepassados no exílio, a "cantar o Senhor em uma terra estranha".

Quando as injustiças da vida, acumuladas, se tornaram excessivas para caberem na teologia de "Deus sabe o que está fazendo", tanto judeus quanto cristãos se voltaram para a ideia de um Mundo por Vir, em que todos os sofrimentos desta vida seriam compensados.

Ver o sofrimento como vontade de Deus tornava mais fácil para as pessoas em posição de autoridade considerar seus inimigos também como inimigos de Deus e sentir que

Deus não envia o problema

estavam fazendo a vontade de Deus ao maltratá-los. No século XIX, proprietários de escravos frequentadores da igreja convenciam-se de que estavam fazendo a vontade de Deus ao tratar os escravos afro-americanos como inferiores aos humanos, pressupondo, com base em nenhuma evidência, que a maldição de Deus ao filho de Noé, Canaã, em Gênesis 9:25, "que ele seja um escravo para seus irmãos", se referisse a pessoas raptadas da África. No clássico do cinema *Sete homens e um destino*, o líder dos bandidos apresenta a seguinte justificativa para roubar dos camponeses pobres de uma aldeia próxima: "Se Deus não queria que eles fossem tosquiados, por que os fez carneiros?"

Onde, então, encontramos Deus? Eu encontro Deus no heroísmo discreto do pescador de Winslow Homer, estendendo até o limite a força e a resistência humanas para fazer o que a vida o encarregou. Encontro Deus na disposição de tantas pessoas para fazer a coisa certa, mesmo quando essa coisa é difícil, dispendiosa ou não reconhecida, e rejeitar a coisa errada, por mais tentadora e lucrativa que ela seja.

Onde uma pessoa comum encontra essa força de vontade a menos que Deus esteja presente, motivando-a a se superar? Eu encontro Deus não nos testes que a vida nos impõe, mas na capacidade de pessoas comuns enfrentarem o desafio, encontrarem dentro de si qualidades da alma, a coragem que não sabiam que tinham até o dia em que precisaram delas. Deus não envia o problema, a doença, o acidente, o furacão, e Deus não os leva embora quando encontramos as palavras e rituais certos para Lhe implorar. O que Deus faz é nos enviar a força e a determinação de que nós mesmos não nos sentíamos capazes de ter, para podermos lidar, ou conviver, com problemas que ninguém pode levar embora.

AS NOVE LIÇÕES ESSENCIAIS QUE APRENDI SOBRE A VIDA

Vou contar sobre o dia em que aprendi o que significa ser rabino. Eu tinha sido chamado à casa de uma família da congregação em que o marido e pai havia morrido subitamente de um ataque cardíaco. Quando cheguei, as primeiras palavras da esposa, de luto, para mim foram: "Por que Deus faria isso a um homem tão bom?" Tentei compartilhar com ela meu entendimento do papel de Deus nos acontecimentos tristes, minha ideia de um Deus que era bom e compassivo, mas não todo-poderoso, mas pude perceber que minhas palavras não a estavam ajudando. Pelo contrário, os olhos dela foram ficando distantes enquanto eu oferecia minha teologia. Foi nesse momento que tive o insight que vem guiando meus aconselhamentos desde então. Percebi que "Por que Deus está fazendo isso comigo?" não era de fato uma pergunta sobre Deus. Era um grito de dor, e a pessoa que fazia a pergunta não precisava de minha sabedoria teológica. Ela precisava de um abraço.

Desde aquele dia, minhas interações com congregantes que estão sofrendo ou inconformados passou a envolver menos explicações e mais apoio. Mais de uma vez visitei famílias que haviam passado por algo tão terrível que nenhuma palavra parecia adequada. Então, eu não pronunciava palavras além de "Sinto muito, estou muito triste por você". Com frequência, eu me sentava em silêncio com a viúva ou mãe/pai de luto por vários minutos, e quando me levantava para ir embora, a pessoa me abraçava e dizia: "Obrigado por estar aqui conosco." Minha presença representava a presença carinhosa de Deus, a declaração simbólica de que Deus não os havia abandonado. Essa certeza, mais do que qualquer sabedoria teológica, era o que eu estava especialmente qualificado para lhes oferecer.

Deus não envia o problema

Os leitores de meus livros anteriores estão familiarizados com a experiência que mudou minha vida e moldou minha teologia. Quando nosso filho, nosso primeiro filho, tinha 1 ano, ele parou de crescer e ganhar peso. Aos 3 anos, seu problema foi diagnosticado como progéria, a síndrome do envelhecimento acelerado. Ele viveu até o dia seguinte ao seu aniversário de 14 anos, corajosamente, com senso de humor e a capacidade de inspirar amor em todos que conseguiram olhar além da aparência e conhecê-lo de verdade.

Se eu tivesse acreditado por uma hora sequer que Deus havia escolhido nosso filho para essa provação por qualquer motivo que fosse — para me punir por alguma ofensa esquecida no passado, para inspirar outros com nosso exemplo de força —, eu teria abandonado o rabinato e nunca mais abriria um livro de oração ou entraria em uma sinagoga outra vez, para não mais prestar honras a esse Deus. Em vez disso, consegui ver Deus não como a fonte de nossa angústia, mas como a fonte de nossa capacidade de lidar com ela, de amar, confortar, aproveitar a companhia e, por fim, chorar por uma criança muito especial.

Se alguém tivesse alertado minha esposa e a mim no dia de ano-novo em 1963, "Antes de este ano acabar vocês terão um filho com os seguintes problemas incuráveis. E estes são os efeitos que isso causará em seu casamento, em sua família, a forma de fazer seu trabalho. Acham que podem lidar com isso?", tenho certeza de que eu teria respondido: "Por favor, somos apenas humanos. Conhecemos nossas limitações. Isso é pedir muito de nós." Mas, como acontece com tanta frequência na vida, Aaron veio para nossa família sem que pedissem nossa permissão e, em alguma fonte que só posso ver como o espírito de Deus, encontramos a capacidade de lhe dar o que ele precisava, enquanto ele, e Deus, nos davam o que precisávamos. "Apenas humanos" é uma expressão muito enganosa. Conheci e li sobre pessoas comuns que foram capazes de coisas extraordinárias quando foi necessário, apesar de serem "apenas humanas".

Mas, qualquer que tenha sido o milagre que Deus moldou para nós, dando-nos a graça e a força para criar e amar um filho com uma doença desfiguradora e incurável, ele fez um milagre ainda maior para Aaron. O milagre pelo qual rezamos foi que a medicina moderna encontrasse uma cura para a progéria. Isso não aconteceu. O milagre que recebemos foi um filho que enfrentou corajosamente uma situação sem saída. Nunca o vimos como um fardo, como outras famílias talvez vissem um filho com sérios problemas de saúde sérios. Sentimo-nos abençoados por tê-lo como parte de nossa família, e dou a Aaron o crédito por fazer isso acontecer.

Aaron raramente dava um sinal de autopiedade. Era um menino inteligente, divertido, decidido, gentil e corajoso. As pessoas que o conheciam só de vista costumavam reagir com expressões de pena. (A edição em africânder de *Quando coisas ruins acontecem às pessoas boas* mudou o título para *Meu pobre filho*.) Mas as pessoas que o conheciam melhor viam seus pontos fortes mais claramente do que suas limitações. É incrível, mas muitos o invejavam. Depois que ele morreu, várias famílias deram aos filhos o nome de Aaron em sua homenagem, e talvez na esperança de que a criança tivesse algumas das qualidades que o fizeram alguém tão especial.

De onde um menino doente de 7, 10 ou 12 anos tira toda essa coragem e bondade? Eu acredito que era Deus fazendo

Deus não envia o problema

por Aaron o que Ele faz por tantas de Suas criaturas nos momentos difíceis.

Nós não fomos um caso excepcional. Os dons de Deus estão disponíveis para pessoas que não são convencionalmente religiosas. Nossa experiência como pais de um filho com sérios problemas de saúde era mais comum do que poderíamos ter imaginado. Andrew Solomon escreveu seu best-seller *Longe da árvore* (2012) como um estudo de crianças com autismo, esquizofrenia, surdez e nanismo, entre outras condições difíceis. Ele descobriu que "é muito frequente ver pais que imaginavam que não conseguiriam cuidar de uma criança deficiente descobrirem que podem". A mãe de uma criança com síndrome de Down disse a Solomon: "Se eu tivesse feito [amniocentese], teria interrompido [a gravidez] e perdido o que tem sido não só a experiência mais difícil como também a mais enriquecedora de minha vida." Como o poeta persa Rumi escreveu certa vez: "A luz entra no lugar da ferida."

Por que alguns jovens progridem apesar das cartas ruins recebidas da genética, acidentes ou famílias pouco acolhedoras, enquanto outros dão para trás e mergulham em amargura e raiva? Essa é uma pergunta que não posso responder. Jamais "culparia a vítima" dizendo que a ajuda de Deus estava disponível, mas eles escolheram não a aproveitar. Tudo que posso dizer é que milagres, por definição, não acontecem o tempo todo. O fato de eles acontecerem já é, em si, milagre suficiente.

Vim a encontrar Deus no heroísmo discreto de pessoas que se veem chamadas a fazer mais do que sequer imaginavam que fossem capazes: a viúva deixada sozinha sem a companhia de uma família ou sem os recursos financeiros de que precisa, mas que, de alguma maneira, consegue levar uma vida significativa; os pais de uma criança autista que batalham para criar o filho, amá-lo, encontrar escolas e emprego para ele, e a própria criança, lançada em um mundo que joga por regras que ela nem sempre consegue entender; o marido ou a esposa que cuida de um cônjuge com mal de Alzheimer, amando-o sem nenhuma expectativa de ser retribuído; o comprometimento de homens e mulheres, como o pescador solitário de Homer, fazendo trabalhos difíceis e ganhando menos dinheiro em um ano do que muitos atletas e gestores de fundos de investimento ganham em uma semana, porque é isso que a vida exige deles. Encontro Deus não nos testes que a vida nos impõe, mas na capacidade sempre surpreendente de homens e mulheres comuns se mostrarem à altura da situação.

Deus não envia o problema; genética, acaso e má sorte fazem isso. E Deus não pode fazer o problema ir embora, por mais orações e boas ações que ofereçamos. O que Deus faz é nos prometer: eu estarei com você; você carregará este fardo, mas nunca se sentirá abandonado.

Em julho de 2013, o Sterling and Francine Clark Art Institute, em Williamstown, Massachusetts, organizou uma grande exposição de quadros de Winslow Homer, e o crítico de arte do *New York Times,* Holland Cotter, começou sua resenha sobre o evento assim: "Winslow Homer foi o maior pintor de paisagens pós-Deus do país." O que ele queria dizer ao chamar o artista, de quem uma das obras me parece ser uma prova de Deus, de "pintor de paisagens pós-Deus"? Antes de Homer, a arte paisagística glorificava a natureza como a obra suprema de Deus. Cotter escreveu: "Nessa arte, a Natureza era uma consciência moral colossal, poderosa; a

Deus não envia o problema

presença humana, se chegasse a ser visível, era partícula tomada de espanto." Esses artistas nos deram pinturas de imensas montanhas, vastas florestas, enormes cachoeiras esvaziando-se em lagos enormes, que apequenavam qualquer ser humano no quadro. Para Homer, ao contrário, "as pessoas... estão no centro do palco... A Natureza, a força salvadora na arte anterior, é agora uma inimiga".

Acho a análise de Cotter convincente, mas não concordo com o termo "pós-Deus". Como esses artistas anteriores, eu também encontrei as digitais de Deus, por assim dizer, em toda parte do mundo natural. Moro na Nova Inglaterra há quase 50 anos, mas minha alma ainda se emociona com a mudança de cor das folhas a cada outono, de verde para esplêndidos tons de vermelho e laranja. A varanda dos fundos de nossa casa, onde costumo trabalhar em meus escritos, oferece uma vista do lago Cochituate, o segundo maior de Massachusetts, e em um dia ensolarado de primavera ou verão, às vezes, fico tão fascinado pela vista do sol na água que mal consigo escrever. Reconheço Deus como o Autor da Natureza, mas não vejo a natureza como "Deus tornado visível". A Natureza, como já comentei, muitas vezes, pode ser dura, imprevisível, destrutiva. Para mim, a coragem e a determinação do pescador de Homer, não a tempestade aterrorizante que o ameaça, fala do poder e da presença de Deus.

Essa noção, de que Deus pode ser encontrado não na crise, mas em nossa resposta à crise, é fundamental para compreender uma das passagens mais importantes de toda a Bíblia. No capítulo 3 do livro do Êxodo, Deus fala a Moisés pela primeira vez. Moisés havia fugido do Egito depois de matar um oficial egípcio que estava espancando um escravo israelita. Deus prestou atenção a esse ato de protesto e chama Moisés em uma voz descorporificada vinda de uma sarça ardente. Ele diz: "Eu sou o Deus de teus pais, o Deus de teus antepassados... Quero que vás até o faraó e ordenes que ele deixe sair os israelitas" (Êxodo 3:6,10).

Moisés responde, compreensivelmente: "Quem sou eu para ir até o faraó com essa exigência? Por que ele me ouviria?" (Êxodo 3:11). Deus responde: "*Ehyeh imach,* eu estarei contigo" (versículo 12). Moisés, então, pergunta a Deus: "Quando eu for aos israelitas com essa mensagem [de que Deus pretende libertá-los] e me perguntarem: 'Em nome de quem tu falas?', o que direi a eles?" (versículo 13). Deus lhe dá uma resposta crucial, de uma tradução desafiadora, que já produziu volumes de comentários: "Meu nome é *Ehyeh asher ehyeh;* diz a eles que Ehyeh te enviou" (versículo 14).

Há pelo menos duas coisas intrigantes nessa conversa. Uma, é a primeira resposta de Moisés. Deus lhe diz: "Eu sou o Deus de teus antepassados. Quero que vás até o faraó e mude o curso da história humana", e Moisés responde: "Quem é mesmo que está falando?" Quando Moisés pergunta a Deus "Qual é o seu nome?", ele não está tentando esclarecer quem é seu interlocutor. No mundo antigo, o nome de uma pessoa era mais do que apenas um rótulo de identificação. Ele declarava algo sobre quem a pessoa era e o que representava. Em Gênesis 48:8, quando José apresenta seus filhos Manassés e Efraim para seu pai idoso, Jacó, este lhe pergunta: "Quem são eles?" Jacó sabe seus nomes; isso já lhe foi dito. Mas ele os está encontrando pela primeira vez e quer saber, já que eles têm um pai israelita e uma mãe egípcia, que tipo de jovens eles são, quais são os seus valores. É o mesmo caso de quando Moisés responde à missão que

Deus não envia o problema

lhe é dada por Deus, perguntando "Qual é o seu nome?". Ele está querendo saber: "Que tipo de Deus você é? O que você representa?"

A resposta de Deus, a expressão intraduzível *Ehyeh asher ehyeh*, é ainda mais intrigante do que a pergunta de Moisés. Ela foi traduzida como "Eu sou aquele que sou" ou "Eu serei o que vou ser". Vários teólogos, que consideram que, quando Deus fala, Ele fala teologia, traduzem a expressão como "Eu sou puro ser" (seja lá o que isso signifique).

Para mim, a interpretação melhor e mais útil é a do comentador judeu francês do século XI Rashi (*Rabbi Sh*lomo filho de *Isaac*), que conecta "*Ehyeh*" à sua ocorrência algumas linhas antes, em Êxodo 3:12. Moisés questiona Deus: "Quem sou eu para ir até o faraó com essa exigência? Por que ele me ouviria?" Deus lhe diz: "*Ehyeh imach,* eu estarei contigo."

Rashi parece ter sido o primeiro a observar a conexão entre Êxodo 3:12 e Êxodo 3:14. O Nome de Deus, a identidade essencial de Deus, é "Aquele que estará contigo" quando você tiver que fazer algo que teme ser difícil demais. Isso faz muito sentido para mim. Deus está dizendo a Moisés, como terá ocasião de dizer a cada um de nós, "*Ehyeh imach*": eu não farei isso por você, eu não farei isso sem você, mas não deixarei que faça sozinho. Estarei ao seu lado quando você reunir coragem para fazer e lhe darei qualidades de força e de alma de que você não sabia ser capaz.

Nos últimos anos, fui apresentado a um conceito teológico útil conhecido como "segunda *naïveté*" (ou segunda ingenuidade). Meu primeiro contato com ele foi por intermédio de meu colega de classe, o rabino Neil Gillman, que, depois da ordenação, tornou-se um importante teólogo e excelente professor de religião. Gillman encontrou-o nos escritos de Paul Tillich, um dos teólogos mais destacados do século XX, e de James Fowler, professor de psicologia da religião, embora o conceito tenha suas raízes nas obras do filósofo francês Paul Ricoeur.

Para Fowler, o desenvolvimento de um entendimento maduro da fé religiosa vem em três estágios. Há o estágio inicial, de "*naïveté* simples", ou ingenuidade simples. As crianças acreditam em tudo que lhes é dito: que Deus as observa e sabe tudo o que elas fazem, que Papai Noel vive no polo Norte e tem um registro de quem se comportou mal e quem foi bonzinho, que tudo na Bíblia aconteceu exatamente como é descrito e que seus pais sabem e podem fazer tudo. Acreditar nessas coisas ajuda as crianças a se sentirem seguras em um mundo que com frequência lhes parece intimidador. Fowler vê esses itens de fé simples como os "mitos" fundacionais da fé de uma criança e da cultura ocidental.

Então, inevitavelmente, pouco antes ou durante a adolescência, as crianças percebem que nenhum desses mitos é verdadeiro, ou pelo menos não literalmente. Não há Papai Noel, seus pais são seres humanos falíveis e boa parte da Bíblia não poderia ter acontecido da maneira como é descrita. Esse é um segundo estágio traumático, o "rompimento dos mitos". Nesse ponto, muitos jovens abandonam a religião de vez. Se o mar Vermelho não se abriu de fato, se Matusalém não viveu realmente até os 969 anos, então a Bíblia não é verdadeira e, se é assim, por que levá-la a sério? E, como vimos em vários livros de grande vendagem nos últimos anos, muitas pessoas muito inteligentes nunca superam essa desilusão.

Mas a grande contribuição de Fowler aqui, apoiando-se na obra de Tillich, é propor um terceiro estágio, que vai

Deus não envia o problema

além do "rompimento dos mitos", além do ceticismo e da desilusão adolescentes. Ele o chama de "segunda *naïveté*", e Neil Gillman o define em seu livro de 2013, *Believing and Its Tensions,* como uma "recaptura da *naïveté* primária que tínhamos sobre o mito... com a consciência de que, embora ele possa não ser literalmente verdadeiro, ainda assim pode ser valioso".

Podemos rejeitar a noção literal de inferno, segundo as linhas do Inferno de Dante, como um lugar real em que pessoas más são punidas por seus pecados. Podemos descartar essa ideia como ingênua. Mas, invocando uma "segunda *naïveté*", podemos acreditar que há algumas coisas que uma pessoa pode fazer durante a vida das quais nunca se esquecerá, e tornará difícil para ela se sentir bem consigo mesma? Podemos acreditar que há alguns momentos em nossa vida para os quais podemos olhar mais tarde, oportunidades passadas que nunca mais aparecerão em nosso caminho, e enfrentar por toda a nossa vida as consequências de tê-las deixado passar? "O que poderia ter sido" é uma boa definição de inferno.

Podemos superar o conceito de um Deus que mora no céu e atende ou nega nossas orações. Mas podemos avançar além do ceticismo adolescente e afirmar a realidade de um Poder que renova nossa força, nossa coragem quando estamos prestes a sentir que não temos mais força ou coragem para prosseguir? Pode uma família judaica se reunir na mesa do Seder da Páscoa para celebrar em alegria, com as lembranças de pais ou avós que deixaram a Europa antes do Holocausto, atravessaram o oceano e vieram para os Estados Unidos, e ver sentido em louvar um Deus que os libertou de uma servidão contemporânea, mesmo que sejam céticos quanto à veracidade das Dez Pragas e da divisão do mar Vermelho? E, mesmo depois de termos descartado qualquer noção infantil de que nossos pais sabem e podem tudo, podemos reconhecê-los como limitados, mas amorosos e dedicados a nós apesar de nossas falhas e das deles?

O conceito de "segunda *naïveté*" permite que nos livremos da superfície de crenças antigas, mas continuemos a abrigar o valioso núcleo de verdade em seu centro.

Minha experiência pessoal, e a experiência de tantos congregantes e figuras públicas, comprova a validade da interpretação de Rashi e a verdade dessa promessa. O Deus que está conosco em nossas lutas, o Deus que está conosco em nosso sofrimento, o Deus que está conosco quando procuramos dentro de nós mesmos a capacidade de perdoar, o Deus que responde a nossas orações não nos dando o que pedimos, mas nos ajudando a perceber que já o temos, é um Deus que encontrei, muitas vezes, em minha própria vida e nas experiências de muitos de meus congregantes. Esse Deus é um Deus em que posso acreditar.

CAPÍTULO QUATRO

O perdão é um favor que você faz a si mesmo

A vingança, acertar contas com alguém que nos fez mal, é o pecado favorito de todo mundo. É óbvio que é um pecado, mas há algo nele que parece virtuoso. A vingança parece justificável porque vem a nós vestida com os trajes da justiça. Alguém agiu mal, essa pessoa deve ser responsabilizada. O personagem Shylock, de Shakespeare, vê a vingança como uma segunda natureza do ser humano: "Se nos espetas, não sangramos? Se nos fazes cócegas, não rimos? Se nos envenenas, não morremos? *E se nos ofendes, não devemos nos vingar?*" (*O mercador de Veneza,* ato 3, cena 1; itálicos meus.)

No entanto, para qualquer um que leve a Bíblia a sério, isso é terminantemente proibido. O versículo completo em que somos instruídos a amar o próximo como a nós mesmos (Levítico 19:18), diz: "Não te vingarás e não guardarás rancor contra o teu próximo, mas amarás o teu próximo como a ti mesmo." Pelo contexto, a mensagem parece ser: dê um desconto para o seu próximo por fazer coisas ruins e que o magoem, porque ele é "como você mesmo", um ser humano imperfeito, propenso a momentos de egoísmo e irreflexão, como você também é.

Um comentador leva a ideia ainda mais longe, sugerindo que não é uma coincidência que a injunção contra a vingança seja encontrada no mesmo versículo da ordem para amar seu próximo como a si mesmo. Martin Buber cita uma parábola hassídica. Imagine-se descascando uma maçã. Você está segurando a maçã na mão esquerda e a faca na direita. A faca escapa e corta sua mão esquerda. Dói, ela está machucada e sangrando. O que você faz? A mão esquerda pega a faca e espeta a mão direita para se vingar? Claro que não. As duas mãos são parte da mesma pessoa. Você só estaria se machucando uma segunda vez. É por isso, diz Buber, que não devemos retaliar quando alguém nos trata mal. Se ele desrespeitou a lei no que fez a você, a lei deve resolver o caso. Mas quando se trata de um conflito entre dois indivíduos, aos olhos de Deus todos os seres humanos são parte de um único corpo, uma única entidade, moldada à imagem de Deus. Ferir deliberadamente outra pessoa porque ela feriu você é ferir a si mesmo uma segunda vez, pois a outra pessoa é "como você mesmo".

Os rabinos no Talmude explicam a diferença entre vingança e guardar rancor com o exemplo a seguir: vingança é dizer ao seu próximo: "Não, não vou emprestar minha pá para você, porque, quando eu emprestei meu machado, você o quebrou." Guardar rancor é dizer a ele: "Tudo bem, pode pegar minha pá, embora você tenha quebrado meu machado quando o pegou emprestado."

A regra contra a vingança é bastante clara, embora, para muitas pessoas, suscite a reação: "Quer dizer que eu devo deixar tudo por isso mesmo?"

O perdão é um favor que você faz a si mesmo

Mas incluir guardar rancor nesta proibição é um pouco intrigante. Se você acredita, como eu acredito, que a Bíblia hebraica não nos condena por crimes de pensamento, que a Torá proíbe atos, mas nunca proíbe ideias, pensamentos ou sentimentos (devemos reverenciar Deus e obedecer a Deus, mas não há nenhum mandamento para acreditar em Deus), Levítico 19:18 parece proibir um pensamento. Terei mais a dizer sobre isso adiante.

Por que nos dizem para não acertarmos as contas com alguém que nos machucou? Porque, quando fazemos isso, ou mesmo quando apenas tentamos, corremos o risco de nos rebaixar ao nível desse alguém. Se o consideramos um ser humano desprezível, por que ficaríamos ansiosos para imitá-lo? Nutrir a ideia de se vingar de alguém que nos machucou foi comparado a engolir veneno na esperança de que isso faça outra pessoa ficar doente. Além disso, quando somos consumidos pela ideia de revidar o que uma pessoa fez, damos a essa pessoa ainda mais poder sobre nós do que ela merece.

Alguns anos atrás, meu sermão no Yom Kippur foi sobre perdão. Sugeri que, assim como pedimos para Deus nos perdoar pelo que talvez tenhamos feito de errado no passado, lembrando a Deus que somos apenas humanos e não podemos ser perfeitos, também devemos perdoar as pessoas que nos magoaram ou ofenderam. Elas também são apenas humanas.

No dia seguinte ao Yom Kippur uma das congregantes foi à minha sala, muito aborrecida comigo por causa do sermão. Ela me contou como seu marido a havia abandonado anos antes por uma mulher mais jovem e como, por culpa disso, ela teve que trabalhar em dois empregos para pagar as contas e pôr comida na mesa, além de explicar aos filhos por que eles não podem ter os videogames que todos os amigos têm. Ela concluiu: "E o senhor quer que eu o perdoe pelo que ele nos fez?"

Eu disse a ela: "Exatamente. Quero que você o perdoe. Não que o desculpe, não que diga que o que ele fez foi aceitável. Pelo que me contou, ele fez algo muito egoísta. Mas eu quero que você o perdoe, para seu próprio bem, não pelo dele. Por que você está lhe dando o poder de defini-la como vítima? Por que está lhe dando o poder de defini-la considerando o que você não tem: um marido e uma renda adequada, e não o que você tem: um lar acolhedor e amoroso e dois filhos lindos?

"Você percebe o que está fazendo?", eu lhe perguntei. "Por seis anos você esteve segurando um carvão quente na mão, à espera de uma oportunidade de atirá-lo no seu marido. E, por seis anos, ele tem vivido confortavelmente com a nova esposa em Nova Jersey, e você queimou sua mão. Pense desta maneira: se ele não está mais morando em sua casa, por que o está deixando morar, sem pagar aluguel, em sua cabeça? Ele não merece isso. Ele não merece a energia que você gasta ficando furiosa com ele. Você pode expulsá-lo no momento que decidir. Pode tirar dele esse poder de fazê-la perder a cabeça e sentir pena de si mesma."

Como a sede de vingança é tão poderosa e tão universal, ótimos livros, e também vários outros péssimos, foram escritos sobre ela. Em alguns deles, a vítima inocente é bem-sucedida e se sente vingada. Em *O conde de Monte Cristo*, por exemplo, Edmond Dantès é acusado injustamente por três "amigos" e sentenciado à prisão perpétua na prisão mais famosa da França. Ele foge, fica rico e cria planos sofistica-

O perdão é um favor que você faz a si mesmo

dos para destruir seus traidores, e se sente bem com isso depois. Para qualquer um que tenha certeza de que ficaria satisfeito com a sensação de ter se vingado, eu gostaria de lembrar que Edmond Dantès é um personagem de ficção. Na vida real, as pessoas raramente se sentem bem com o que fizeram. É muito comum, mesmo se o vingador tiver sucesso e sobreviva, que ele se sinta moralmente mal por ter feito algo tão semelhante ao que o autor da injustiça fez com ele. Sugeriu-se que tirar o poder de punição da mão da pessoa prejudicada e passá-lo para uma autoridade central foi um dos grandes passos para civilizar os seres humanos, dando-nos justiça imparcial em vez de vingança.

Mas talvez a maior história já escrita sobre vingança e perdão seja encontrada na Bíblia, nos últimos capítulos do Gênesis, a história de José e seus irmãos. Talvez você se lembre de ter ouvido a história em suas aulas dominicais. O patriarca Jacó tem 12 filhos. Dez deles de sua esposa Lia e de servas, e os dois mais novos, José e Benjamin, de sua esposa Raquel, que ele amava profundamente e cuja morte no parto ele pranteava. Os irmãos mais velhos têm inveja de José, por ele ser o favorito do pai, e José alimenta esse ressentimento quando lhes conta que havia sonhado que no futuro os irmãos se curvariam diante dele. Um dia, quando os irmãos mais velhos tinham saído para apascentar as ovelhas, Jacó manda José ir ver como eles estavam. Os irmãos o veem se aproximar e são tomados pelo ressentimento. Eles o capturam, tiram dele a túnica especial que seu pai lhe dera e o jogam em um poço. Agora, veem-se diante de um dilema: o que fazer em seguida. Se o tirarem do poço e o levarem para casa, ele vai contar ao pai o que eles fizeram. Pensam em matá-lo, mas a ideia é tão terrível que os faz estremecer.

Então, em vez disso, eles o vendem como escravo para uma caravana que passa, e José acaba como servo na residência de um importante oficial egípcio. Em uma série de acontecimentos fortuitos que compõem uma das narrativas mais longas e encantadoras da Bíblia (cerca de um quarto do livro do Gênesis), José sobe de posição até se tornar importante conselheiro do faraó egípcio, e salva o Egito da fome. No entanto, durante todo esse tempo, nunca se esquece de seu lar e dos eventos que o levaram até ali —"Pois eu fui arrebatado da terra dos hebreus" (Gênesis 40:15).

A fome deixa todos os que estão fora do Egito à beira da morte. Pessoas vêm de todo o Oriente Médio suplicar por comida e estão dispostas a pagar qualquer preço por ela. Um dia, os filhos de Jacó (todos, exceto Benjamim, seu irmão por parte de pai e mãe) comparecem diante de José para comprar cereais. Ele os reconhece, mas eles não têm a menor ideia de que o poderoso oficial egípcio, um homem com autoridade para lhes dar comida ou mandá-los de volta para morrer de fome, é o irmão que maltrataram dez anos antes. Eles se curvam diante de José, como este sonhou que fariam, e ele percebe que essa é sua chance de se vingar da crueldade dos irmãos. José brinca com eles, acusando-os de terem ido ao Egito como espiões, e exige que provem que estão dizendo a verdade apresentando seu irmão mais novo, Benjamim.

O pai deles não quis que Benjamim fosse ao Egito, pois se algum mal acontecesse a ele, Jacó perderia aquela última ligação com a amada Raquel. Mas a outra opção seria morrer de fome, então, eles retornam para casa e convencem Jacó a deixar Benjamim acompanhá-los de volta ao Egito.

José, então, monta uma armadilha, elaborada para eles, e prende Benjamim, recriando a situação em que seus ir-

O perdão é um favor que você faz a si mesmo

mãos o haviam abandonado na escravidão. Ele quer ver como eles vão se comportar dessa vez. Os irmãos entram em pânico. Voltar para casa sem Benjamim causaria uma dor insuportável ao pai. Os dois começam a brigar sobre quem teve a ideia de vender José à caravana. Esse é o momento com o qual José vinha sonhando havia anos, seu momento Edmond Dantès de fazer a eles o mesmo que lhe haviam feito. Em vez disso, ele faz algo que surpreende até a si mesmo. Ele lhes diz: "Eu sou seu irmão José. Nosso pai ainda vive?"

Por que ele faz isso? Depois de todos esses anos sedento por vingança, desejando machucá-los como eles o haviam machucado, José decide que isso não é o que realmente quer. A Bíblia nunca explica por quê. Ela deixa a nosso encargo encontrar o sentido de suas narrativas. Mas posso pensar em três razões para José ter rejeitado a chance de se vingar.

Primeiro, pode ser simplesmente que, ao se imaginar fazendo a seus irmãos o que eles lhe fizeram, tenha percebido como aquilo lhe pareceria errado, sórdido. Se aquilo foi de uma atrocidade monstruosa, quando eles o fizeram, não seria igualmente cruel que ele lhes fizesse o mesmo? É verdade que ele tem suas razões para querer prejudicá-los. Mas, dez anos antes, eles tiveram suas razões para se ressentir com ele e querer prejudicá-lo. Ele decide que não deseja se transformar neles e sentir prazer com o sofrimento de outra pessoa só porque isso está em suas mãos.

Segundo, podendo escolher entre vingar-se pelo que lhe foi feito e ter uma família, ele escolhe a família. Lembremos que, por dez anos, José foi o único israelita em todo o Egito. Tem poder e prestígio, mas o tempo todo é lembrado de que é um estrangeiro. Perpetuar os ressentimentos entre os ir-

AS NOVE LIÇÕES ESSENCIAIS QUE APRENDI SOBRE A VIDA

mãos em vez de curar a ferida seria deixá-lo sozinho para sempre. José escolhe perdoar os irmãos pelo que eles fizeram anos antes para que ele, como todos à sua volta, pudesse ter uma família.

Quando eu era criança no Brooklyn, nas décadas de 1940 e 1950, ouvi muitas histórias de minha família, e de muitas famílias que eram nossas amigas, sobre parentes que estavam brigados. As razões vinham de muitos anos antes, muitas vezes iam além de uma geração. Alguém se recusou a emprestar dinheiro, ou pegou dinheiro emprestado e não devolveu. Alguém não foi convidado para o casamento da filha de outro, ou foi convidado, mas não compareceu. Era frequente que a razão já estivesse esquecida havia muito tempo; as crianças ouviam apenas: "Nós não falamos com os netos do tio fulano de tal." Como resultado, irmãos passavam anos sem se falar, até serem obrigados a se encontrar em um funeral, e, às vezes, nem mesmo assim. Eu me lembro de casos, em funerais que oficiei, de me pedirem para informar dois ou três locais diferentes para a semana de luto do shivá, porque os vários filhos adultos do morto não se falavam. E isso sempre me pareceu muito triste e desnecessário. José, na Bíblia, pode ter sentido o mesmo.

Mas a terceira razão, pelo modo como entendo a história, é a mais importante e o argumento essencial que quero apresentar. A sede de vingança não tem a ver com justiça, mas com poder. Alguém o magoou, alguém o enganou, e você se sente impotente para fazer algo a respeito. Essa pessoa exerceu poder sobre você, e você anseia por recuperar esse poder, por ser capaz de machucá-la como ela o machucou. Está tão frustrado por essa sensação de impotência que jamais reconhece que é você mesmo que a perpetua ao insistir em mantê-la viva. A mulher que me questionou sobre

O perdão é um favor que você faz a si mesmo

meu sermão de Yom Kippur, contando-me como sua vida tinha sido difícil desde que o marido a abandonara, precisava entender que o único poder que ela ainda tinha sobre seu ex-marido era o de expulsá-lo de sua mente, de eliminar a capacidade dele de defini-la como uma vítima indesejável e não merecedora de amor. Ela não tinha o poder de resolver os problemas financeiros sozinha, e não era possível desfazer o que ele havia causado a ela e aos filhos. Mas ela, e ninguém mais, tinha o poder de parar de remoer isso, porque era esse remoer constante que perpetuava os sentimentos de vitimização.

Tentei explicar essa ideia para a jovem que me procurou depois de um sermão para me contar que, cinco anos antes, havia perdido uma bolsa de estudos porque a mulher com quem havia concorrido tinha um caso amoroso com o professor encarregado da seleção. Ela tentou registrar uma queixa contra ele, mas lhe falaram que seria apenas a palavra dela contra a dele, que ele a acusaria de ser vingativa por não ter ganhado a bolsa e que, provavelmente, isso não seria bom para ela nem no curto nem no longo prazo. Ela me perguntou o que deveria fazer e eu lhe disse que não parecia haver muito o que fazer a não ser considerar o caso como uma das injustiças da vida. "Quer dizer que eu devo deixar que ele escape dessa?", ela perguntou. Eu a lembrei de que ele já havia escapado. Ela não tinha o poder de reescrever a história. Seu único poder era o de parar de ficar obcecada com o caso e expulsá-lo de seus pensamentos. "Até que você faça isso, estará perpetuando seu papel de vítima. Se continuar por tempo demais, pode acabar não sendo mais capaz de sair dessa personagem. Não é isso que você quer. E só você tem o poder de se libertar desse papel", eu lhe disse.

"Sim, é injusto, e sinto muito que isso tenha acontecido", eu disse a ela. Mas pense desta maneira: as duas pessoas que trapacearam para tirar algo que você merecia venderam a integridade por algumas horas de prazer sexual e uma bolsa de estudos de dois anos que já terminou. Foi um mau negócio. Sempre que alguém abdica de sua integridade, seja para consumar um caso amoroso ou vencer uma eleição, ele perde mais do que ganha. Passa o resto da vida tendo consciência de que é um trapaceiro. Você manteve sua integridade e, no longo prazo, isso lhe será bom. Tire esse homem da cabeça e siga adiante, para ter a vida que merece."

Esse modo de ver as coisas solucionará o problema que levantei no início deste capítulo. Se a Bíblia nos considera responsáveis por nossos atos, mas não por nossos pensamentos ou crenças, por que, de acordo com Levítico 19, é pecado guardar rancor mesmo que não tomemos nenhuma atitude com base nesse ressentimento? Eu entendo que nutrir ressentimento é outra maneira de deixarmos a pessoa que nos prejudicou continuar nos controlando. Se não conseguirmos esquecer o incidente e seguir com nossa vida, o ofensor continua a viver em nossa cabeça e a fazer com que nos sintamos impotentes. Ele não tem direito a esse poder, então, por que nós o deveríamos dar a ele?

Ver o perdão como um gesto ativo e não passivo, ver a sede de vingança como um desejo inconveniente e seu abandono como uma questão de recuperar o poder, me dá a resposta para a pergunta mais desafiadora que me é feita quando falo sobre esse tema: "Está dizendo que devemos perdoar os nazistas pelo Holocausto?" Minha resposta é: "Se por perdão você quer dizer desculpá-los, dizer algo do tipo 'Coisas ruins acontecem na guerra, as pessoas acabam sendo levadas

O perdão é um favor que você faz a si mesmo

pelas emoções, vamos deixar isso para trás porque minha religião me diz para perdoar todos que me machucaram', então eu digo que não, de modo algum. Não estou preparado para dizer isso. Quero que todos que participaram do Holocausto sejam responsabilizados pelo que fizeram. Quero rastrear cada último nazista de 90 anos ainda vivo que tiver sido guarda de um campo de concentração e levá-lo a julgamento por crimes contra a humanidade. Quero procurar todas as obras de arte saqueadas de seus proprietários judeus e, se não conseguirmos encontrar descendentes dos donos, doá-las a um museu judaico. Quero essas coisas não porque sou uma pessoa vingativa, mas porque faço a esses velhos criminosos de guerra o cumprimento de vê-los como seres humanos, e seres humanos são responsáveis por suas ações."

Mas, quando falo de perdão no contexto do Holocausto, o que estou dizendo é que não quero que a lembrança torturante do Holocausto tome conta de minha mente, infectando tudo que penso ou faço. Não quero pensar no judaísmo como sinônimo de vitimização. Não quero que a lembrança do Holocausto me faça desconfiar que qualquer um que critique Israel seja um nazista enrustido. Hitler está morto há setenta anos. Ele não merece o poder de infectar minha mente e me fazer suspeitar que todos os não judeus sejam nazistas disfarçados. O que quero que a lembrança do Holocausto e o slogan "Nunca mais" façam é o exato oposto disso. Quero que ela me imunize contra o perigo de qualquer tentativa de estigmatizar um grupo inteiro de pessoas, sejam gays, muçulmanos ou políticos conservadores, como um perigo mortal para nosso modo de vida. Criticarei indivíduos quando eles merecerem crítica, mas não condenarei populações inteiras. Nós já vimos aonde isso leva.

Há mais um aspecto da questão do perdão. É muito mais fácil perdoar quando a pessoa que nos ofendeu reconhece o erro do que fez ou disse e pronuncia a palavra mágica: "Desculpe." Pense em como reagimos ao político que assume a responsabilidade por algo que deu errado, que diz: "Desculpem. Eu devia ter reagido antes. Devia ter percebido o que as pessoas em meu gabinete estavam fazendo. Espero ter aprendido minha lição com isso e farei melhor da próxima vez." Compare isso com a figura pública que responde: "Erros acontecem e eu pretendo descobrir quem me decepcionou fazendo isso."

Há uma história na Bíblia sobre duas pessoas que se amavam muito. Como se amavam tanto, tinham o poder de magoar uma à outra com uma palavra ou ato impensado e, uma vez, quando o fizeram, ficaram magoados demais e foram orgulhosos demais para dizer "desculpe". A história está no segundo livro de Samuel, capítulo 6, versículos 12 a 23, e o último versículo da história é, em minha opinião, o mais triste de toda a Bíblia.

O rei Saul e todos os seus filhos tinham morrido em combate com os filisteus. Davi, com uma popularidade imensa, é escolhido para ser o rei das federações tribais israelitas do Norte e do Sul. Em um esforço para unificar o país, ele conquista a cidadela jebusita de Jerusalém, situada na fronteira entre os reinos do Norte e do Sul de Israel, e a torna capital. (Washington, D.C., foi escolhida como a capital dos Estados Unidos por motivos semelhantes.)

Depois, para fazer de Jerusalém também o centro religioso, além de político, de Israel, ele providencia para que a Arca da Aliança, que contém as tábuas originais dos Dez Mandamentos, seja levada a essa cidade em uma procissão

O perdão é um favor que você faz a si mesmo

festiva marcada por cantos, danças e comemorações. Lemos (2 Samuel 6:14) que "Davi dançou com todas as suas forças diante do Senhor, vestido com um efod (uma espécie de túnica) de linho". A esposa de Davi, Mical, filha de Saul, o rei anterior, estava observando as festividades da janela. Não nos é dito por que ela não estava entre os que comemoravam, se ela não gostava de multidões ou se simplesmente não achava condizente com sua dignidade. Mas, quando a festa terminou e Davi voltou para casa acalorado pelo triunfo, sua esposa o recebeu dizendo sarcasticamente: "Como se fez honrado o rei de Israel hoje, expondo-se aos olhos das servas, como uma pessoa vulgar faria!" Por que ela diz isso? Talvez, por se sentir deixada de fora da comemoração. Talvez, lembrando-se de seu pai, sua ideia de como um rei deve se comportar fosse diferente. Na verdade, ela está dizendo a Davi: "Eu não nasci entre pastores de ovelhas como você. Cresci em um palácio e sei como um rei deve se comportar, com certa dignidade."

Davi fica profundamente magoado com as palavras da esposa. Não só ela estragou o maior dia de sua vida, como também o lembrou de que ele não se tornou rei pelo processo normal de sucessão. Ele chegou ao posto depois de o rei anterior e todos os seus filhos terem sido mortos em uma guerra que Davi preferiu evitar. Magoado e bravo, ele responde a Mical: "Eu não estava dançando diante das servas. Eu dançava diante do Senhor." Mas, como está magoado e bravo, ele não consegue parar por aí. Mical o machucou e ele sente necessidade de machucá-la também. Assim, ele prossegue, dizendo: "Eu dançava diante do Senhor, *que rejeitou seu pai e toda a sua família e me fez rei no lugar deles*" (2 Samuel 6:21; itálicos meus). E, então, lemos o que considero o versículo mais triste da Bíblia: "E Mical, filha de Saul, nunca teve filhos até o dia de sua morte" (6:23).

Entendo que isso signifique que Davi e Mical nunca mais se aproximaram intimamente como marido e mulher depois dessa discussão, e acho isso muito triste. Eles formam uma das maiores histórias de amor da Bíblia. Mical é a única mulher que a Escritura diz que se apaixonou por um homem. Duas vezes ela desafiou seu pai, o rei, para proteger Davi. Davi arriscou a vida diversas vezes para ganhá-la depois que o rei Saul estabeleceu um dote de cem filisteus mortos pela sua mão. Mas uma única discussão, e a recusa teimosa em pedir desculpas de ambos os lados, destruiu todo esse amor. Davi passaria o restante da vida colecionando esposas, às vezes, esposas de outros homens, no que eu entendo como uma busca de recuperar o que ele antes tivera com Mical. Ela, por sua vez, viveria o restante de seus dias vagando pelos corredores do palácio, lastimada por todos que a viam como a "esposa indesejada". E só seria necessário que um dos dois dissesse "desculpe" e que o outro aceitasse o pedido de desculpas, perdoasse e dissesse "desculpe-me também".

Se o filme *Love Story – Uma história de amor*, de 1970, for lembrado cerca de 45 anos depois de seu lançamento, será por duas coisas. Uma é o fenômeno de dezenas de milhares de mulheres americanas chamadas Jennifer por causa da heroína do filme. A segunda é o que talvez seja o slogan publicitário mais imbecil já criado para um filme importante. Se você já frequentava o cinema na época, deve se lembrar dele: "Amar é nunca ter que pedir perdão." Talvez os publicitários do filme estivessem tentando dizer que, se duas pessoas se amam de verdade, elas perdoarão uma à outra por qualquer deslize ou ofensa, sem a necessidade de um

O perdão é um favor que você faz a si mesmo

pedido de desculpas. Mas, como a história de Davi e Mical nos alerta, e como a experiência da maioria das pessoas que lê este capítulo vai confirmar, é possível ficar profundamente magoado por um ato irrefletido da pessoa a quem se ama. Isso pode ser mais doloroso do que algo ruim que lhe seja feito por um conhecido qualquer. Mas um simples pedido de desculpas, um "sinto muito", muitas vezes, é o bastante para curar a ferida.

Nelson Mandela conduziu a população negra majoritária da África do Sul de violentamente discriminada a governante do país. Mandela entendeu que ele próprio e seu povo jamais seriam livres sem que perdoassem seus opressores. Quando ficou preso na ilha Robben, seu corpo estava na prisão. Se ele tivesse continuado a odiar a minoria africâner que reprimia seu povo (e eles, de fato, mereciam muito esse ódio), sua mente e sua alma ficariam aprisionados também, aprisionados pelos sentimentos de amargura e impotência e pelo desejo de uma vingança que ele não podia realizar. Mas, quando exerceu o poder de banir o ódio e os sentimentos de vingança de sua mente, ele se sentiu suficientemente livre (e forte) para trabalhar pela liberdade de seu povo.

Os que lutaram pelos direitos civis no sul dos Estados Unidos nas décadas de 1960 e 1970 utilizaram, em grande medida, uma tática similar. Liderados por Martin Luther King Jr., eles tentaram limpar sua mente de ódios, para que a justiça de sua causa não fosse comprometida. Em vez de combater fogo com fogo contra um inimigo que tinha mais poder de fogo do que eles, resolveram combater fogo com água, deixando a justiça de sua causa prevalecer sobre as forças do ódio.

Quando eu era menino, nas décadas de 1930 e 1940, meus pais tinham amigos que haviam feito doutorado e estavam habilitados para ser professores universitários, mas acabaram lecionando em colégios, porque as universidades não contratavam judeus. Ben Eisenstadt graduou-se em direito com honras, mas nenhuma firma de advocacia quis contratá-lo. Ele, depois, inventou um método para acondicionar porções individuais de açúcar em pacotinhos e criou o Sweet'N Low, ficando mais rico do que muitos advogados. De modo geral, os judeus que sofreram discriminação social e profissional durante e depois da Depressão não se aproveitaram do sucesso que tiveram na vida para discriminar outras populações vulneráveis. Em vez disso, foram extremamente ativos em quase todas as lutas por direitos civis e direitos de minorias. Usaram seu poder recém-adquirido não para se vingar, não para tirar a escada por onde haviam subido para garantir que ninguém mais pudesse subir depois deles, mas para lembrar como era a sensação de ser discriminado e se recusar a fazer o mesmo com outros seres humanos que eram, afinal, "como eles mesmos".

Este é o conhecimento que eu quero compartilhar: nutrir ressentimento só perpetua o poder do ofensor sobre você. Ele continua a viver em sua cabeça, reforçando sua frustração e poluindo sua imaginação com ideias de vingança. Não deixe que ele consiga isso. Ele pode ou não merecer perdão, mas você merece mais do que desperdiçar sua energia irritando-se com ele. Deixar para trás é a melhor vingança. O perdão é o que identifica a parte mais forte na disputa. É na verdade um favor que você faz a si mesmo, não um gesto não merecido em favor da pessoa que o magoou. Seja bom consigo mesmo e perdoe.

CAPÍTULO CINCO

Algumas coisas são simplesmente erradas; saber disso nos faz humanos

Qual é a diferença mais importante entre os seres humanos e as outras criaturas vivas? Um cérebro maior? A postura ereta? A capacidade de fala? Eu diria que é a posse de uma consciência, a percepção inata de que certas coisas são erradas e não devem ser feitas. Animais compreendem que algumas ações são perigosas. Animais domesticados e bichinhos de estimação aprendem que certos comportamentos levam a castigos. Animais podem ser úteis e leais, mas não podem ser bons, porque bondade envolve fazer cálculos morais, perceber o certo e o errado das ações, e não só de suas consequências. "Bom cachorrinho" não é uma declaração moral, assim como "tempo bom" também não é. Os seres humanos são as únicas criaturas abençoadas, ou sobrecarregadas, com uma consciência, a percepção de que há algumas coisas que simplesmente não devemos fazer.

Há uma história na Bíblia que argumenta sobre esse assunto, de que conhecer a diferença entre o bem e o mal é o que eleva os seres humanos acima do nível animal. Ela está no capítulo 22 do livro dos Números e talvez seja a única narrativa divertida na Bíblia. É a história do mago Balaão e sua jumenta falante.

O rei dos moabitas está alarmado com o movimento da multidão israelita pelo deserto em direção ao seu reino. Vagamente ciente de que os israelitas estão agindo sob orientação divina, ele contrata o renomado mago e lançador de feitiços Balaão para amaldiçoar os israelitas, a fim de que eles não representem ameaça para o reino. (Se Balaão é um mago tão talentoso, "pois eu sei que aquele que tu abençoas é abençoado e aquele a quem amaldiçoas é amaldiçoado" [Números 22,6], por que o rei não o contrata para abençoar sua nação? Porque, para algumas pessoas, o ódio do "outro" é uma força mais poderosa do que o amor pelos seus próprios.) Balaão reluta em aceitar a tarefa, mas o rei lhe oferece muito dinheiro, e ele concorda.

Balaão parte em direção ao acampamento israelita, montado em sua jumenta. Deus intervém para detê-lo, enviando um anjo para bloquear seu caminho. A jumenta vê o anjo e intui que o que estão fazendo é contra a vontade de Deus, mas Balaão, com os olhos cegos pelas perspectivas do régio pagamento, não enxerga. Ele bate na jumenta para fazê-la andar. O mesmo acontece uma segunda vez, depois, uma terceira. Após a terceira vez, Balaão, exasperado, chicoteia a jumenta e, nesse momento, "Deus abre a boca da jumenta" e ela diz a seu dono: "Por que está batendo em mim? Não sou sua jumenta fiel?" (Números 22:28). Deus, então, abre os olhos de Balaão e ele vê o anjo do Senhor bloqueando seu caminho. Ele compreende que o que está fazendo é contra Sua vontade. E Deus porá em sua boca palavras de bênção a Israel, em vez de maldição.

Algumas coisas são simplesmente erradas; saber disso nos faz humanos

O que acontece aí? Sempre que se tem uma história em que animais falam, seja uma parábola bíblica ou um desenho de Walt Disney, surge a questão do que torna humanos diferentes de animais. Na história de Balaão, o ponto é que seres humanos deveriam saber a diferença entre certo e errado. Se um animal consegue ver que está errado em alguma coisa e uma pessoa não enxerga, a humanidade da pessoa é deficiente. Ganância e medo podem levar alguém a deixar de lado sua humanidade e se tornar menos que um animal, como aconteceu com Balaão.

Essa noção de que certas coisas são erradas não é aprendida, como a aritmética. Ela é inata. Na primavera de 2013, fui convidado a falar na aula de ciências de meu neto na Tufts University sobre a relação entre ciência e religião, entre verdade e fé. A aula foi apenas alguns dias após terroristas colocarem bombas na linha de chegada da Maratona de Boston, a poucos quilômetros da universidade, matando três pessoas e ferindo centenas. Boston ainda estava atordoada pela tragédia. Eu questionei os alunos: "Digam-me por que colocar uma bomba no meio de uma multidão foi errado, não só pela lei, não só como uma questão de opinião, mas absolutamente errado, por uma base puramente racional, sem recorrer à sua reação emocional." Eles não conseguiram responder. Há leis contra assassinato, mas algo como as bombas na Maratona de Boston suscita uma reação diferente que a provocada por outros crimes. Não só sentimos que é ilegal, mas também que viola nossa noção do que significa ser humano. Sentimos que é Errado com *E* maiúsculo.

As definições do que são essas coisas podem ter mudado marginalmente ao longo dos séculos, conforme nosso entendimento sobre a quem devemos consideração se expandiu da família para a comunidade, depois, para a nação e, por fim, para toda a humanidade. Pode haver pequenas diferenças na definição de comportamento aceitável ou inaceitável de uma sociedade para outra, mas uma consciência básica de comportamento bom e mau parece ser universal.

Mesmo crianças muito pequenas parecem compreender isso. Elas sabem protestar "Isso não é justo" se o pai, a mãe ou uma professora na escolinha faz algo que viole seu senso inato de justiça. Em seu livro de 2013, *O que nos faz bons ou maus*, o psicólogo Paul Bloom apresenta estudos que indicam que mesmo crianças muito pequenas parecem ter uma reação negativa inata à injustiça e a uma aplicação desigual de recompensas e castigos.

Em uma experiência citada por Bloom, crianças de 1 ano assistiram a um show de marionetes em que havia um boneco bom que devolvia uma bola ao dono e um boneco egoísta que ficava com a bola para si. Em seguida, era dado um presente para cada um dos bonecos, e as crianças recebiam a instrução de que poderiam tirar o presente de qualquer um deles ou até dos dois, se quisessem. Praticamente, todas as crianças tiraram o presente do boneco egoísta. Estudos mostraram que mesmo crianças quase recém-nascidas ficam incomodadas ao ouvirem outro bebê chorando e demonstram desejo de confortá-lo.

Bloom conclui que "a psicologia do desenvolvimento, amparada pela biologia evolutiva e a antropologia cultural, favorece a visão (...) de que alguns aspectos da moralidade nos são inerentes". Estes incluiriam um senso moral, a capacidade de saber a diferença entre ações gentis e cruéis; um senso de equidade, a necessidade de tratar os outros com igualdade e de forma apropriada; um senso de empatia e

Algumas coisas são simplesmente erradas; saber disso nos faz humanos

compaixão, a capacidade de sentir a dor dos outros; e um senso rudimentar de justiça, o desejo de ver boas ações recompensadas e más ações, punidas. Na visão de Bloom, esses fundamentos morais não precisam ser ensinados. Eles são "produto da evolução biológica". O autor conclui: "Bebês são animais morais, equipados pela evolução com empatia e compaixão, a capacidade de julgar as ações de outros e mesmo algum entendimento rudimentar de justiça e equidade." Nenhuma outra criatura viva pode ser descrita dessa maneira.

O que precisamos aprender são as fronteiras que definem a quem devemos essa empatia. Isso é algo que ocorre lentamente, ao longo de gerações, de modo que coisas que no passado eram consideradas aceitáveis quando feitas a pessoas a quem não devíamos nenhuma lealdade, ou com quem não compartilhávamos nenhum tipo de afinidade — tortura, escravidão, maus-tratos a mulheres, discriminação a pessoas de outras raças ou nações —, não são mais aceitáveis na maioria dos lugares.

Há algumas pessoas, que são psicopatas, que parecem ser totalmente desprovidas desse senso de empatia. Elas não sentem nenhuma hesitação ou incômodo em serem cruéis com outros. Felizmente, essas pessoas são raras, talvez, 1% da população. Há outras que se sentem tão magoadas e furiosas pelo tratamento inadequado recebido de alguém que tentarão voltar a se sentirem importantes exercendo poder sobre outra pessoa: a esposa, um filho, um estranho vulnerável. E, então, há o restante de nós. Adam Smith, escrevendo 250 anos atrás em seu livro *Teoria dos sentimentos morais*, teorizou que o ser humano era definido por sua capacidade de ver outra pessoa sofrendo e "se colocar nessa situação

AS NOVE LIÇÕES ESSENCIAIS QUE APRENDI SOBRE A VIDA

(…) tornar-se em alguma medida a mesma pessoa que a outra e até sentir" o que ela estava sentindo. Em nossos próprios tempos, cientistas confirmaram essa capacidade. Como Bloom escreveu em "The Baby in the Well: The Case Against Empathy", um artigo que publicou no *New Yorker* em maio de 2013, parece que "parte dos mesmos sistemas neurais que são ativados quando sentimos dor torna-se ativa quando observamos o sofrimento de outros".

De onde vem essa convicção de que há algo errado em alguns comportamentos? Como eu disse, a fonte não pode ser simplesmente o pensamento racional; os benefícios de mentir e roubar podem fazer esses atos parecerem atraentes, do ponto de vista objetivo, e sabemos que há pessoas que recorrem a eles mesmo sabendo que são errados.

Algumas pessoas encontram as digitais de Deus em todo o nosso senso inato de justiça e compaixão, nossa capacidade de sentir a dor de um estranho que nem conhecemos e com quem temos pouco em comum a não ser a humanidade. Em *O que nos faz bons ou maus*, Bloom menciona que o pensador religioso C. S. Lewis caracteriza nossa capacidade de nos importar com pessoas com quem não temos nenhuma conexão como "a voz de Deus dentro de nossa alma". E ele também cita o eminente cientista Dr. Francis Collins, diretor dos Institutos Nacionais de Saúde do governo federal americano e um homem profundamente religioso, que expressa essa ideia de maneira ainda mais forte. Segundo o Dr. Collins, em certo ponto da evolução humana, "Deus realmente reestruturou o cérebro humano", de modo que desenvolvemos a capacidade de altruísmo e empatia e aprendemos a reconhecer o correto em certas coisas (doar sangue, correr para ajudar a vítima de um acidente) e o errado em

Algumas coisas são simplesmente erradas; saber disso nos faz humanos

outras (escravidão, abuso infantil). Essas não são conclusões lógicas.

Em 2013, a autora de sucesso Elizabeth Gilbert escreveu um romance, *A assinatura de todas as coisas*, em que a heroína, Alma Whittaker, desenvolve por conta própria uma teoria da evolução por seleção natural muito semelhante à de seu contemporâneo Charles Darwin. Sua última pergunta sem resposta refere-se ao valor evolutivo do altruísmo. Traços que fazem com que a sobrevivência de uma pessoa seja mais provável têm valor evolutivo evidente e aumentam a probabilidade de que essa pessoa transmita seus genes para um filho. Mas, e quanto a pessoas que arriscam a vida pelos outros, "os homens que corriam para dentro do fogo para resgatar estranhos, e os prisioneiros famintos que dividiam seus últimos pedaços de comida com outros prisioneiros famintos"? Não há vantagem para a sobrevivência nisso.

Em uma conversa fictícia, Whittaker faz a pergunta a Alfred Russel Wallace, um contemporâneo e colega de Darwin, que também acreditava na seleção natural. Sua resposta (e, lembrem-se, isto é um relato de ficção, mas baseado em pesquisas extensas): "Temos [esses impulsos altruístas] porque há uma inteligência suprema no universo que deseja a comunhão conosco. Essa inteligência suprema quer ser conhecida. Ela nos alcança (...) e nos concede estas mentes notáveis para que tentemos alcançá-la." Em outras palavras, a vantagem evolutiva conferida pelo impulso ao altruísmo não é que ele nos ajuda a viver mais, mas que nos ajuda a viver com mais profundidade. Ele nos confere a experiência profunda de ser tocados por Deus.

Duas histórias pessoais: tenho um amigo, um repórter esportivo de um canal de televisão de Boston, com quem me encontro uma vez por mês para um café e a oportunidade de conversar sobre os times locais. Começamos a nos encontrar pouco depois de ele ter se mudado para a área de Boston e descoberto que o autor de *Quando coisas ruins acontecem às pessoas boas* morava na cidade vizinha. Ele achou que eu ia gostar de sua história.

Não muito tempo antes de nos conhecermos, ele havia se oferecido para ser doador de medula para um completo estranho com quem era compatível. Foi um processo complicado, incômodo e com um ligeiro risco para a saúde, mas ele quis fazer. Não sabia explicar por quê, apenas sentia que essa era a coisa certa. Ele tinha a capacidade de salvar a vida de outra pessoa e não podia se recusar a fazer isso. Gostei da história e do pequeno livro que ele havia escrito sobre o assunto, e nos tornamos amigos desde então.

Uma segunda história: minha esposa e eu apoiamos umas vinte ou mais causas beneficentes. Algumas são relacionadas à saúde, outras, são religiosas, e algumas fazem coisas boas em nossa cidade. Poucos anos atrás minha esposa chamou atenção para um hábito que eu havia adquirido. Quando estou trabalhando em um livro, artigo ou sermão, escrevo de manhã por uma ou duas horas. Antes de me sentar para escrever, faço um cheque para uma das causas que apoiamos. A princípio, insisti que era apenas uma questão de eliminar um envelope de minha mesa para abrir espaço para trabalhar. Mas minha esposa me convenceu de que não era só isso. Eu estava me preparando para o desafio de ser criativo pela prática de um ato de gentileza e generosidade e, desse modo, me definindo como um determinado tipo de pessoa, e essa perspectiva daria o tom de minha escrita.

Algumas coisas são simplesmente erradas; saber disso nos faz humanos

De onde vem o impulso para o altruísmo? De onde vem nosso horror instintivo a relatos de crueldade? Há uma história na Bíblia sobre como os seres humanos obtiveram consciência. Todos vocês já a ouviram muitas vezes, todos a leram, mas, provavelmente, não perceberam que era a isso que ela se referia, porque seu significado tem sido distorcido há quase dois mil anos. É a história de Adão e Eva no Jardim do Éden, que está no capítulo 3 do Gênesis.

Todos crescemos com a ideia de que Gênesis 3 é a história da Queda, o relato do Pecado Original, que define os seres humanos como pecadores desobedientes. Adão e Eva foram testados ao receberem uma única regra de Deus: não comer daquela árvore específica. Eles desrespeitaram essa regra e, desde então, os seres humanos ficaram distanciados de Deus e precisaram buscar a reconciliação. Assim, John Milton começa seu poema épico *Paraíso perdido* com as palavras:

> *Da primeira desobediência do Homem, e do fruto*
> *Daquela árvore proibida cujo sabor mortal*
> *Trouxe a morte para o Mundo e toda a nossa dor,*
> *Com a perda do Éden...*

A implicação clara é que, se Adão e Eva não tivessem desobedecido a Deus desrespeitando sua única regra, eles poderiam ter vivido para sempre no Paraíso. O problema é que eu não acho que foi isso que o terceiro capítulo do Gênesis pretendia nos ensinar, na verdade.

O texto do Gênesis 3, provavelmente, foi escrito por volta de 1000 a.C. e baseava-se em um material muito mais antigo bem conhecido na época. Mas nosso entendimento da história foi moldado por intérpretes, tanto cristãos como judeus, que viveram muitas centenas de anos depois. Eles não só estavam tão distantes da época da versão original da história quanto nós estamos do tempo de Carlos Magno, como também viviam em um universo cultural muito diferente do das pessoas que contaram a história inicial.

Nos primeiros séculos da Era Comum, época da origem do cristianismo e da compilação do Talmude, que definiu o judaísmo depois da destruição do Templo de Jerusalém, a terra da Judeia era parte do Império Romano e sua cultura era dominada pelo que é conhecido como helenismo, a cultura grega fundida com o poderio imperial romano. A estudiosa Tikva Frymer-Kensky resumiu uma dimensão crucial do helenismo em seu artigo de 1989, "The Ideology of Gender in the Bible and the Ancient Near East". Ela escreve: "O sistema filosófico grego via a polaridade masculino-feminino como o principal eixo de seu pensamento (...) Os homens personificavam todas as características que os gregos consideravam as maiores realizações de sua civilização, enquanto as mulheres tinham todas as características que os gregos rebaixavam e descartavam." Os homens realizavam grandes coisas, enquanto as mulheres não eram mais que decorações ou distrações.

Pensemos na *Ilíada* de Homero, que é anterior ao helenismo, mas continuava a influenciar o pensamento grego. O amor verdadeiro é encontrado entre guerreiros homens; as mulheres são troféus a serem usados e descartados. Aristóteles parece ter acreditado que o esperma do homem criava o bebê, que ele, então, depositava no útero da mulher para que crescesse, liberando-o para atividades mais nobres. Não é surpresa, portanto, que Gênesis 3 tenha sido malcompreen-

Algumas coisas são simplesmente erradas; saber disso nos faz humanos

dido como uma parábola de como a fraqueza feminina trouxe pecado e morte para o mundo, criando tanto em partes do judaísmo como do cristianismo a ideia de que as mulheres devem se vestir modestamente, se não manter-se completamente fora de vista, para que não tentem os homens a se comportar mal, como Eva fez com Adão.

Como seria uma leitura plausível de Gênesis 3 se fosse tirado do texto bíblico sem as camadas de dois mil anos de equívocos misóginos? Começamos com Eva sendo moldada de uma costela de Adão, como uma ideia posterior da Criação. Em todas as nossas traduções atuais e medievais da Bíblia, a palavra hebraica "*tzela*" é vertida para "costela". Ela pode significar "costela", mas também pode significar "lado", e é com este sentido que ela mais aparece na Escritura, especialmente nas narrativas do Êxodo sobre a construção do Tabernáculo. Dois comentadores judeus altamente respeitados, Rabbi Samuel ben Nachman, no século III, e Rashi, o eminente comentador da Torá no século XI, entendem que a palavra signifique "lado", assim como várias traduções cristãs antigas.

Esse sentido nos daria uma narrativa em Gênesis em que "Deus criou o Homem à sua imagem, *homem e mulher Ele os criou*" (Gênesis 1:27; itálicos meus). O primeiro humano era uma pessoa dupla, como gêmeos siameses, com um lado masculino e um lado feminino. No *Banquete* de Platão, Aristófanes apresenta sua teoria da origem do amor. Quando os deuses criaram os primeiros seres humanos, cada um deles era uma pessoa dupla, com um lado masculino e um lado feminino. Essas criaturas duplas eram tão poderosas que os deuses se sentiram ameaçados por elas. Então, as dividiram ao meio e, desde então, todos passam a vida à procura do parceiro que o completa (uma história similar é encontrada no Talmude).

Isso não se parece muito com o relato do Gênesis de como Deus não conseguia encontrar um parceiro adequado para esse humano híbrido? Então, "o Senhor Deus fez cair um sono profundo sobre o homem e, enquanto ele dormia, Deus separou um de seus lados [não 'costelas'], fechou a carne no local da divisão, modelou o lado como uma mulher e a trouxe ao homem (...) Por isso, o homem deixa seu pai e sua mãe e se une à sua mulher, *e eles se tornam uma só carne*" (Gênesis 2:21-22,24; itálicos meus). Ou seja, animais são atraídos por instinto a se acasalar e reproduzir. Quando a nossa cadela entrou no cio, nós a cruzamos com um cachorro que ela nunca tinha visto antes, nem veria outra vez, e ela deu à luz cinco cachorrinhos. Mas, para humanos, abençoados e sobrecarregados com uma consciência, o acasalamento nunca pode ser tão impessoal. Importa para nós com quem compartilhamos nosso corpo. Procuramos não só prazer sexual, mas uma sensação de plenitude, de nos tornarmos "uma só carne". Nossa noção de eu se expande para incluir outra pessoa e, depois, para incluir filhos. Os seres humanos parecem ser as únicas criaturas vivas que se juntam em união sexual face a face, porque apenas para os humanos importa com quem estamos nos acasalando.

Então, se a costela não é uma costela, o fruto ainda é um fruto proibido? Acho instrutivo que, quando Deus confronta Adão e Eva depois de eles terem comido da Árvore do Conhecimento do Bem e do Mal, ele nunca usa as palavras "pecado" ou "castigo". Deus nunca chama o que eles fizeram de pecado. Não há referência ao evento ou à noção resultante de Pecado Original em nenhum dos profetas hebreus, que,

Algumas coisas são simplesmente erradas; saber disso nos faz humanos

com frequência, repreendem Israel por todo tipo de má conduta. Eles nunca acusam Israel de ser como seus ancestrais originais desobedientes. Da forma como leio o episódio, o que Deus expressa para Adão e Eva depois de eles terem comido o fruto não é "castigo", mas "consequência", e o segredo para entender isso é lembrar o nome do fruto. Não era "o fruto que vocês não devem comer". Era "o fruto da Árvore do Conhecimento do Bem e do Mal". Comê-lo os introduz em um mundo que os animais jamais conhecerão. A atividade sexual, que é tão natural e tão livre de complicações para outras criaturas, será uma fonte de complexidade e preocupação para os humanos, uma necessidade poderosa cercada de regras de certo e errado para que possa ser atendida. Para muitos de nós, será a coisa mais moralmente e emocionalmente complicada em que nos veremos envolvidos.

Animais dão à luz seus filhotes com um mínimo de desconforto e gastam um mínimo de tempo cuidando deles antes de deixá-los seguir o próprio caminho. Para as fêmeas humanas, dar à luz talvez seja a experiência mais dolorosa que elas experimentarão. Mas a dor física de dar à luz não é o resultado essencial de comer o fruto da Árvore do Conhecimento do Bem e do Mal. A tradução padrão das palavras de Deus para Eva depois que ela comeu o fruto é "Na dor darás à luz filhos" (Gênesis 3:16). Mas a palavra traduzida como "dor" não é a palavra hebraica habitual para dor física. A palavra é *"etzev"*, e significa algo como "angústia" ou "sofrimento". É interessante notar que ela ocorre outra vez em Gênesis 6:6. Ao contemplar o mau comportamento humano disseminado no tempo de Noé, lemos que "Deus se arrependeu de ter feito os seres humanos sobre a Terra e *afligiu-se* em Seu coração" (itálicos meus).

Será que Deus, ao falar com Adão e Eva em Gênesis 3, não estaria propriamente punindo Eva por obter um conhecimento do Bem e do Mal, mas alertando-a da angústia que isso lhe causará? Ela saberá que algumas coisas estão erradas; ela verá seus filhos fazendo essas coisas e não terá o poder de impedi-los. Desconfio que muitos pais e mães concordarão que a verdadeira dor de ter filhos não é a dor física de dar à luz, mas a angústia de ver seu filho escolher um caminho na vida que você não aprova.

E as palavras de Deus para Adão: "Com o suor de teu rosto ganharás o pão para comer" (Gênesis 3:19), podem ser vistas como uma antecipação da diferença entre os animais, que sabem instintivamente como encontrar comida, e os humanos, que precisam se preparar para profissões e, depois, se preocupar em encontrar um emprego e mantê-lo.

No entanto, desconfio que a maioria de nós poderia testemunhar que ter filhos e ser talentoso no trabalho estão entre as coisas mais gratificantes, ainda que também entre as mais desafiadoras, de nossa vida. Essas são as coisas que nos fazem humanos.

A primeira coisa que acontece a Adão e Eva depois que eles ganham um conhecimento do Bem e do Mal — ou seja, depois que desenvolvem uma consciência — é perceberem que estão nus e ficarem constrangidos (Gênesis 3:7). Lemos isso e pensamos "Claro, né". Qualquer um ficaria constrangido se estivesse fora de casa sem roupa nenhuma. Mas eu gostaria de lembrar que eles são, literalmente, as únicas pessoas no mundo. Não há ninguém para vê-los. Entendo seu constrangimento como resultante não da nudez, mas da nova consciência, adquirida ao comer o fruto da Árvore do Conhecimento do Bem e do Mal, de que eles estão sujeitos a ser

Algumas coisas são simplesmente erradas; saber disso nos faz humanos

examinados e avaliados como atores morais. Eles agora compreendem que há coisas certas que devem ser feitas e coisas erradas que não devem ser feitas e que há um poder no mundo com o direito de julgá-los.

Eva, em meu entendimento da história, não é a vilã cuja vulnerabilidade à tentação trouxe o sofrimento para o mundo. Essa é uma distorção nascida de um viés helenístico misógino e talvez de uma necessidade de rebaixar as mulheres. Ela é a heroína. Se ter uma consciência, conhecer a diferença entre o Bem e o Mal, é o que faz os humanos diferentes das outras criaturas, Eva é o primeiro ser humano, ao ter cruzado corajosamente a linha que separa os humanos das outras criaturas e convidado seu marido a segui-la.

A sensação de constrangimento de Adão e Eva por sua nudez me diz que o que eles estão sentindo depois de desobedecer à regra de Deus não é culpa, mas vergonha, a sensação de ser julgado. Erik Erikson, em seu livro magistral *Childhood and Society* (1959), distingue vergonha de culpa. A vergonha é exterior e visual. Envolve ser visto e julgado por uma autoridade externa. Para Erikson, "a vergonha supõe que se esteja completamente exposto e consciente de que o estão examinando, consciente de estar sendo observado". Darwin uma vez escreveu que os seres humanos são os únicos animais que enrubescem, ao que Mark Twain acrescentou o comentário: "Ou que precisam enrubescer." A culpa, em contraste, é interior, a sensação de uma voz dentro de nossa cabeça julgando o que fizemos. O sentimento descrito de Adão e Eva é vergonha, a sensação de ser visto e julgado.

Se essa leitura de Gênesis 3 estiver correta, depurada do preconceito antifeminino helenístico, o ensinamento bíblico seria que herdamos de nossos primeiros ancestrais não o

Pecado Original, mas a Virtude Original, o dom e o fardo exclusivamente humanos de sermos capazes de distinguir o certo do errado, o bem do mal.

É desnecessário dizer que não entendo a história da expulsão do Éden literalmente. Não acho que os humanos tenham adquirido uma consciência como resultado de um encontro com uma serpente falante. Entendo isso como uma metáfora para o surgimento evolutivo notável de uma criatura única, que compartilhava com os outros animais as necessidades básicas de comer, dormir e se acasalar, mas tinha a capacidade única de passar por cima do instinto e deixar de fazer coisas que entendia como erradas.

Woodstock, o festival de música de 1969, aconteceu em um momento em que o país estava dividido por causa da Guerra do Vietnã. Foi anunciado como "três dias de paz e música". (A piadinha da época era: "Se você se lembra do Woodstock, provavelmente, não estava lá.") O festival cresceu além das expectativas dos organizadores, com cerca de 400 mil jovens enfrentando chuva contínua e lama para ver os artistas e ouvir a música que definiam a geração da contracultura. Mais do que qualquer outro evento individual, ele pôs os holofotes sobre o hiato entre os jovens, que o viram como uma expressão do que a vida poderia ser sem as travas hipócritas da sociedade, e a geração de seus pais, que sentiam repulsa pelo que viam como uma orgia de música alta, drogas e sexo casual.

Em 1969, eu estava entre as duas gerações. Tinha 30 e poucos anos, muito velho (também muito religioso e muito estabelecido, com esposa e família) para ser parte da geração de Woodstock, mas jovem o bastante para entender o que eles afirmavam estar defendendo. Eles estavam se rebe-

Algumas coisas são simplesmente erradas; saber disso nos faz humanos

lando contra o que viam como o egoísmo e a superficialidade das coisas que seus pais defendiam. Mas fiquei incomodado pelo que eles queriam pôr no lugar disso. Vejo a fazenda de Yasgur, onde o festival foi realizado, como uma representação para eles da pureza do Jardim do Éden antes de Eva comer a maçã, um mundo onde não havia regras limitando o acesso a drogas, bebidas ou sexo casual. Seria a vida de um espírito livre sem as restrições das regras da sociedade, não contaminado por uma noção de Pecado. O filme documentário *Woodstock* pareceu captar essa sensação de Éden antes da Queda, com comida, bebida e uso de drogas sem restrição, nudez casual e sexo entre pessoas que nem sequer sabiam o nome um do outro. Para os participantes, isso deve ter parecido o Paraíso. Para mim, representou uma regressão a uma vida como animais, sem qualquer noção de permitido e proibido, comendo e se acasalando sem parar para pensar, como se Eva nunca tivesse provado o fruto da Árvore do Conhecimento do Bem e do Mal.

Eu admiro o idealismo dos jovens, a determinação de não reproduzir as hipocrisias e as vidas estreitamente focadas de seus pais. Também tenho consciência de que Woodstock ocorreu quase meio século atrás e que havia uma guerra acontecendo no Vietnã que muitas pessoas viam como injustificada, uma guerra que dividiu o país e expôs esses jovens ao recrutamento, pedindo-lhes para arriscar a vida por uma causa que eles não tinham certeza se apoiavam (ao contrário da guerra de seus pais, a Segunda Guerra Mundial). Esses jovens, que ansiavam por libertar a alma, são hoje pessoas de meia-idade, talvez avós. Fico pensando em como eles se sentem sobre aquele verão agora. A lição do Gênesis 3, como eu vim a entendê-la, é que nossa alma não deseja de fato ser livre. Nossa alma deseja ser guiada, ser focada no que nos faz humanos. Sim, de tempos em tempos, nos sentimos tentados a nos libertar das amarras da civilização (pensemos no modo como o Carnaval é comemorado na véspera da Quaresma em algumas culturas). Mas logo percebemos que a liberdade de viver como um animal, sem roupas, sem horários, sem regras para seguir e com a possibilidade de acasalar com qualquer parceiro disponível, cansa. A verdadeira realização vem de viver como Adão e Eva fizeram *depois* que deixaram o Jardim, encontrando a completude um com o outro, encontrando trabalho que os dignificava com a sensação de competência e criando uma família.

Sou grato a Adão e Eva (que, lembro a vocês, não são figuras históricas, mas representações simbólicas do surgimento de uma nova criatura maravilhosa em nosso planeta) por nos legarem uma noção de Pecado. Não tenho orgulho das coisas erradas que fiz ao longo de meus 80 anos de vida, das mentirinhas inocentes que contei e das oportunidades de fazer o bem que não aproveitei. Não acho que eu seja uma pessoa terrível; na verdade, acho que sou uma pessoa bastante boa. E uma das coisas que faz de mim uma pessoa boa é a consciência, com base na religião, de que eu poderia e deveria ser melhor. Sem o conhecimento de que algumas coisas são erradas, eu não teria o conhecimento do Bem e do Mal que foi a dádiva para a humanidade do "fruto proibido" e é o traço que nos define como humanos.

O que me leva a outro ponto que me incomoda na interpretação tradicional da história do Jardim do Éden: o que a vê como um ato de desobediência às leis de Deus, cuja mácula herdada do Pecado Original foi transmitida a todos os

Algumas coisas são simplesmente erradas; saber disso nos faz humanos

descendentes de Adão e Eva. Não me sinto à vontade criticando a teologia de outra pessoa, mas, por mais que tente, não encontro a noção de culpa herdada em nenhuma parte da Bíblia.

Há um versículo em Êxodo 34:7 que parece dizer isso. Ele descreve que Deus "perdoa a iniquidade, a transgressão e o pecado [mas] visita a iniquidade dos pais nos filhos e nos filhos dos seus filhos". Como essas palavras vêm na sequência da garantia de que Deus perdoa a iniquidade, sou inclinado a concordar com os comentadores medievais e contemporâneos que consideram que essas últimas palavras não se referem a castigo divino, mas às consequências do mau comportamento de pais menos-que-ideais, que fazem seus filhos inocentes sofrer imerecidamente. Várias passagens bíblicas enfatizam que as pessoas não devem ser responsabilizadas pelas más ações de seus pais ou de seus filhos, mas apenas pelo que elas mesmas fazem. Por exemplo:

A pessoa que peca, apenas ela morrerá. Um filho não arcará com a culpa de um pai, nem o pai arcará com a culpa de um filho. (Ezequiel 18:20)

Os pais não serão mortos por causa dos filhos, nem os filhos serão mortos por causa dos pais; cada pessoa será condenada à morte apenas por seus próprios crimes. (Deuteronômio 24:16)

Minha objeção mais forte à doutrina teológica do Pecado Original herdado, porém, é que ela parece exigir perfeição de nós, condenando-nos por qualquer coisa que não seja a perfeição. Considero isso um padrão irrealista, se não impossível. Um ministro protestante liberal que conheço tentou certa vez me explicar essa doutrina nestas palavras: "Se eu mato alguém, isso faz de mim um assassino, e não posso me desculpar destacando os bilhões de pessoas que não matei. E se eu peco, por mais trivial ou acidental que o pecado possa ser, aos meus olhos, isso faz de mim um pecador, e não posso desculpar meu pecado indicando aqueles que não cometi." Eu disse a ele em resposta que não reconhecia o Deus que ele estava descrevendo como o Deus da Bíblia. Que tipo de Deus cria seres humanos falíveis, depois estabelece um padrão de perfeição impossível de ser alcançado e nos castiga severamente por não correspondermos a esse padrão?

Uma analogia grosseira: dependo de meu computador para muitas coisas. Eu o estou usando para escrever este livro, para enviá-lo, capítulo por capítulo, para meu editor, por e-mail, para fazer alterações e correções sem precisar redigitar o documento inteiro, como fiz com meu primeiro livro, 35 anos atrás, e, por fim, para transferi-lo em segundos para um CD para ser publicado. Além disso, ele corrige minha ortografia. Permite que eu envie mensagens para amigos e parentes em qualquer lugar do mundo em segundos, algo que levava até uma semana não muito tempo atrás. Com meu computador, posso acessar em segundos informações que costumavam me custar quase uma hora para encontrar. Ele é, em muitos sentidos, uma máquina notável, que eu não poderia ter imaginado quando era criança. Mas meu computador tem uma falha muito irritante, e devido a isso tenho dificuldade em perdoá-lo. Ele insiste em perfeição. Não tolera o mínimo erro. Meu carteiro pode encontrar uma carta para mim com meu nome escrito errado ou meu endereço errado por um ou mais números e ele saberá que a

Algumas coisas são simplesmente erradas; saber disso nos faz humanos

carta é para mim. Desconfio que se ele visse uma carta endereçada para "O rabino de Natick que escreve livros" ele saberia onde entregá-la. Mas se eu tentar enviar um e-mail para meu irmão, a quem escrevo com frequência, e uma letra estiver incorreta, ou se eu omitir um espaço ou puser uma vírgula onde deveria ser um ponto, o computador finge não ter ideia do que estou tentando fazer e rejeita a comunicação por completo.

Não gosto que seja exigido de mim esse padrão de perfeição. Sou apenas humano. Não quero acreditar que Deus seja tão perfeccionista quanto meu computador. Posso perdoar erros cometidos por minha esposa, minha filha, meus netos, meus amigos, e eles perdoam os erros que cometo com eles, porque nos amamos e sabemos que não é possível esperar perfeição de um ser humano. Será que Deus é incapaz desse nível de perdão?

Uma história desoladora apareceu no jornal de Boston recentemente. Durante o ano acadêmico de 2013-14 três adolescentes, todos excelentes alunos, de famílias que os amavam, tiraram a própria vida por nenhuma razão aparente exceto, talvez, o medo insuportável de não serem suficientemente bons. Até onde se pode dizer, eles estavam enfrentando a pressão de entrar em uma boa faculdade. Estavam com medo de que uma nota B+ em vez de um A arruinasse suas chances e que seus pais pudessem vê-los, e que eles próprios se vissem, como fracassos se tivessem que se contentar com algo inferior. Vejo essa mesma sensação debilitante de fracasso em atletas talentosos que são quase, mas não totalmente, bons para jogar na liga principal, quando eles enfrentam a necessidade de dizer adeus ao sonho de toda uma vida.

De onde eles, de onde tantos de nós tiraram esse sentimento de que, se não formos os melhores, somos um fracasso? O Deus em que acredito, o Deus para o qual rezo, o Deus a quem me volto quando estou a ponto de perder a fé em mim mesmo, não é um Deus que diz: "Eu lhe dei uma chance e você fez tudo errado. Como posso voltar a confiar em você?" O Deus em que acredito me diz: "Eu lhe dei um dom incomparavelmente valioso, a capacidade de saber a diferença entre o bem e o mal, entre coisas que devem ser feitas e coisas que não devem ser feitas, a liberdade que nenhuma outra criatura tem de usar a força de vontade para superar a tentação. E quando você achar muito difícil fazer isso, quando tropeçar e cair, quando for desviado do rumo pelo prazer do momento em vez do bem que se sustenta por um longo tempo, eu estarei lá para levantá-lo, para limpar sua roupa e ajudá-lo a começar de novo, porque eu sou um Deus de perdão, um Deus de segundas chances. Então, quando você for capaz de perdoar a si mesmo e de perdoar as pessoas à sua volta por não serem perfeitas, eu o reconhecerei como meu filho."

CAPÍTULO SEIS

Religião é o que você faz, não aquilo em que acredita

Todos os religiosos que conheço, inclusive eu mesmo, já ouviram estas palavras de um congregante não atuante tentando justificar sua falta de participação: "Posso não ser religioso no sentido convencional, mas sou uma pessoa muito espiritual." A implicação disso é que ser espiritual, seguir uma religião apenas de coração e mente, é uma maneira mais pura e mais autêntica de se comunicar com Deus do que o ato físico de comparecer à igreja, fazer caridade ou praticar boas ações. Nunca tive uma resposta satisfatória para essa afirmação até que meu amigo e colega, o rabino David Wolpe, de Los Angeles, compartilhou sua resposta comigo. Ele dizia a seu congregante espiritual: "Não, espiritualidade é o que você sente, teologia é aquilo em que você acredita, religião é o que você faz." A fé religiosa mais sublime só se torna real quando é traduzida em comportamento, em fazer coisas que você talvez não fizesse de outro modo, como prática de sua fé religiosa.

Perguntaram certa vez ao grande teólogo judeu Martin Buber: "Onde posso encontrar Deus?" Sua resposta: "Deus não é encontrado em igrejas ou sinagogas. Deus não é encontrado em livros sagrados. Deus não é encontrado no coração do fiel mais fervoroso. *Deus é encontrado entre as pessoas*" (itálicos meus). Quando alguém age com outra pessoa do modo como sua fé religiosa o inspira a fazer, Deus vem e faz a ponte entre eles. Eles são unidos nesses momentos por laços de santidade. A religião de seu coração só se torna real quando é traduzida em ação.

Muitos anos atrás, nos meus primeiros tempos em minha congregação, tive que oficiar um funeral de uma mulher que havia passado boa parte da vida cuidando do filho seriamente deficiente até a morte dele, aos 20 e poucos anos. Ela estava muito longe de ser uma religiosa convencional. Raramente ia aos serviços na sinagoga ou a qualquer outra atividade no templo. Cuidar do filho tomava a maior parte de seu tempo e energia. Não seria exagero dizer que essa era a sua religião. Se ela pensava em Deus (nunca toquei nesse assunto com ela), não me surpreenderia se fosse com ressentimento, por ele não fazer nada para aliviar a situação de seu filho. Mesmo assim, em minha fala, eu a descrevi como tendo vivido uma vida de santidade. "Este é o jejum que desejo [no Dia da Expiação]: romper todos os jugos, repartir teu pão com os famintos, recolher os desabrigados em tua casa e, quando vires os nus, vesti-los" (Isaías 58:6-7).

Alguns anos atrás, a reverenda Lillian Daniel, ministra congregacional, escreveu um livro delicioso chamado *When "Spiritual but Not Religious" Is Not Enough* (2013). No início do livro, ela descreve uma pessoa em busca espiritual que havia experimentado um tipo de culto cristão atrás de outro e encontrado motivos para rejeitar todos eles. Agora, esse homem lhe diz, ele passa a manhã de domingo lendo o *New*

Religião é o que você faz, não aquilo em que acredita

York Times, e isso alimenta mais sua alma do que a maioria dos cultos em igrejas. Depois, ele prossegue, calça seus tênis e vai correr na natureza. "Sinto que eu e o mundo lá fora somos um. Encontro Deus ali. E percebi que sou profundamente espiritual, mas não mais religioso." A reverenda Daniel comenta no livro: "Como se as pessoas que frequentam a igreja não soubessem disso (...) Mas insista um pouco mais nessa religião autodesenvolvida e não se obterá muita (...) profundidade", porque "a maior parte do ritual autodesenvolvido para as manhãs de domingo tem pouco espaço para o pecado", para uma consciência do que é errado em certas coisas. Falta um arcabouço para compreender e responder a dias, e vidas, que não são cheios de sol e borboletas.

Esse homem desencantado que se afastou da igreja conta a ela como tem orgulho do filho, um menino que escreveu um relatório sobre crianças de lugares distantes cuja vida é obscurecida por violência e fome. O menino concluiu: "Isso me fez perceber que temos muita sorte de estar vivendo aqui e não lá." O pai se gaba de que seu filho "realmente entendeu a ideia. Isso é o que nossa religião significa: gratidão". Lillian Daniel responde em seu livro que "quando alguém testemunha dor e se declara com sorte, essa pessoa ficou muito longe do que Jesus faria (...) Acho que Deus quer que testemunhemos dor e sofrimento e, em vez de nos sentirmos com sorte, que nos sintamos indignados e desejemos fazer algo a respeito".

O que ela quer dizer, entre várias outras coisas, é que pessoas que invocam razões simplistas para rejeitar a religião tradicional, mas encontram Deus nas flores da primavera e nas folhas que mudam de cor, não terão problemas com isso desde que o dia esteja ensolarado, mas não saberão

AS NOVE LIÇÕES ESSENCIAIS QUE APRENDI SOBRE A VIDA

como compreender um furacão, ou uma reviravolta nos negócios, ou o diagnóstico de uma doença grave. Em momentos como esses, é preciso poder recorrer a uma tradição que tenha visto isso tudo e não tenha ilusões sobre o mundo. É preciso uma comunidade, pessoas que tenham aprendido a encontrar Deus nas sombras tão prontamente quanto no sol, a encontrá-Lo na coragem de pessoas aflitas e na solicitude de seu próximo. E são necessárias pessoas cuja fé as leve não a ter pena de você e questionar Deus em seu nome, mas a abraçá-lo e secar suas lágrimas.

A religião é como o amor. A diferença entre religião como sentimento ou crença e religião autêntica como um modo de viver a fé é semelhante à diferença entre o amor como o entusiasmo de uma menina adolescente por seu cantor pop favorito e o amor como a relação entre marido e mulher, que compartilharam anos de experiências boas e ruins e sabem como apoiar um ao outro para alegrar ou confortar. O primeiro, é uma fantasia agradável; o segundo, definidor da vida.

Os leitores de certa idade talvez se lembrem de um incidente na eleição presidencial de 1976 entre o presidente em exercício, Gerald Ford, e o candidato democrata, Jimmy Carter, governador da Geórgia. Era a primeira eleição presidencial desde que Richard Nixon renunciara à presidência depois do escândalo Watergate, que revelou comportamentos ilegais e não éticos na Casa Branca, e a religiosidade de professor de escola dominical do candidato Carter era vista como um contraste bem-vindo para o desvio de conduta de Nixon. Mas, em pelo menos uma ocasião, essa devoção o induziu a erro. Ele confessou para repórteres, depois de uma escala de campanha, que havia "cometido adultério no [seu]

Religião é o que você faz, não aquilo em que acredita

coração" por notar como eram atraentes algumas das mulheres nas multidões que o aplaudiam. Alguém poderia ter lembrado a Carter o quanto a economia americana depende dos bilhões de dólares que as mulheres gastam para se mostrar atraentes. Mais do que isso, alguém deveria ter lhe dito que pensar em algo, mesmo fantasiar sobre algo, não é o mesmo que fazer.

Antiga piada judaica: o rabino em seu sermão aponta para uma placa dos Dez Mandamentos na parede da sinagoga e diz: "Estão vendo, de acordo com a Torá, trabalhar no sábado é exatamente igual a cometer adultério." Ao que um congregante intervém: "Não sei o senhor, rabino, mas eu posso garantir que não é igual, de jeito nenhum." Notar como uma mulher é atraente não é uma violação do sétimo mandamento. Fantasiar sobre a perspectiva de conhecê-la melhor não é adultério, desde que as mãos sejam mantidas longe. Sim, pensamentos lascivos podem levar a comportamentos impróprios e podem distrair a pessoa do que ela deveria fazer, mas, quando isso acontece, é o comportamento, não o pensamento, que está errado. Só quando o pensamento leva ao ato é que o comportamento passa do limite, que é como deveria ser. Nem sempre podemos controlar nossos pensamentos ou nossas fantasias, mas temos que aprender a controlar nossas palavras e ações. No pecado, como na religião, são os atos que importam.

Uma leitora certa vez escreveu para a colunista de aconselhamentos Ann Landers: "Meu marido tem 65 anos, mas não para de olhar para todas as mulheres jovens e bonitas na rua. Como posso fazê-lo parar?" Ela respondeu: "Não se preocupe com isso. Meu cachorro corre atrás de ônibus, mas ele não saberia o que fazer se um dia alcançasse algum."

AS NOVE LIÇÕES ESSENCIAIS QUE APRENDI SOBRE A VIDA

Alguns anos atrás, eu fui o representante judaico em um painel inter-religioso do clero. O moderador nos convidou a comentar os Sete Pecados Capitais da doutrina cristã. Como talvez se lembrem, eles são luxúria, gula, avareza, preguiça, ira, orgulho e inveja. O moderador pediu nossos comentários sobre qual dos sete era o mais prejudicial, qual era o mais comum e qual era o mais difícil de evitar.

Ouvi meus colegas explicarem por que cada uma dessas falhas morais tinha o poder de nos separar de Deus e diluir a integridade religiosa de nossa vida. Quando chegou minha vez, comecei dizendo que não achava que qualquer um desses sete fosse a pior coisa que uma pessoa poderia fazer. Eles não estariam no topo de minha lista de pecados capitais. Talvez não estivessem nem nos cem primeiros, porque todos eles acontecem dentro da pessoa, não entre uma pessoa e outra, e não têm nenhum impacto no mundo real até o momento em que pensamentos sejam traduzidos em atos. Minha lista das piores ofensas a Deus começaria com magoar o outro, enganar o outro, envergonhar o outro. No Talmude, fazer o rosto de outra pessoa enrubescer de constrangimento ou raiva é caracterizado como uma forma de derramamento de sangue, uma séria violação ética. Os pecados — e também as virtudes — têm a ver com o modo como tratamos outras pessoas, não com o que pensamos ou sentimos na privacidade de nosso coração. Apenas quando esses sentimentos são traduzidos em ação eles se tornam parte de nosso mundo compartilhado.

Eu diria algo semelhante quanto à teologia. Como falo e escrevo livros sobre o papel de Deus em nossa vida, como tento corrigir o que acho que não são noções úteis sobre Deus, costumo ser chamado de teólogo. Não acho que eu

Religião é o que você faz, não aquilo em que acredita

seja isso. Desisti de qualquer aspiração a ser teólogo quando percebi que não conseguiria nunca entender com total clareza a diferença entre as provas ontológicas e epistemológicas de Deus. Minha teologia é menos sobre quem Deus é ou o que Deus faz e mais sobre quem nós somos e o que fazemos por causa do que Deus significa para nós.

Crenças e premissas teológicas não se qualificam como religião até que as traduzamos em comportamentos. Lamentar por uma pessoa desabrigada ou se sentir feliz por ter um teto sobre a cabeça, indignar-se ao ler sobre um crime ou se sentir feliz por não ter sido a vítima não ajuda a pessoa desabrigada ou a vítima do crime até que tenhamos traduzido esses sentimentos em atos de cooperação. Por muitos anos, no período das Grandes Festas, eu compartilhava com minha congregação trechos de uma meditação chamada "O Indignado e o Profeta", creditada a Robert Rowland. Um trecho dela dizia: "Eu estava faminto e vocês formaram um clube de humanidades e discutiram a fome. Eu estava doente e vocês agradeceram a Deus por sua boa saúde. Eu estava sozinho e vocês me deixaram só enquanto iam rezar por mim. Vocês parecem tão santos, tão próximos de Deus, mas eu continuo com fome, continuo sozinho e continuo com frio."

As pessoas costumam se surpreender quando eu lhes digo, como mencionei, que não há no judaísmo um mandamento para acreditar em Deus. O primeiro dos Dez Mandamentos — "Eu sou o Senhor teu Deus, que te fez sair da terra do Egito, da casa da escravidão, para ser o teu Deus" (Êxodo 20:2) — não é uma ordem para acreditar em Deus. Na verdade, nem é um mandamento. É uma declaração introdutória que diz aos israelitas reunidos ao pé do Monte Sinai como eles devem viver em resposta a Deus ter lhes dado a liberdade. Em hebraico, a passagem, tão conhecida, não é chamada os Dez Mandamentos, mas *asseret ha-dibrot*, os Dez Pronunciamentos, o primeiro dos quais explica por que as pessoas reunidas devem obedecer aos preceitos seguintes. Não há teologia ali, dizendo às pessoas em que acreditar. Há apenas religião, dizendo-lhes como devem se relacionar umas com as outras por causa do que Deus fez por elas.

T. M. Luhrmann, professora de antropologia em Stanford, expressou essa noção com mais força ainda em uma coluna no *New York Times* em maio de 2013. A professora Luhrmann escreveu: "O papel da crença na religião é muito exagerado, como os antropólogos sabem há muito tempo." Ela citou uma das minhas autoridades favoritas sobre a questão da função social da religião, Émile Durkheim, cujo avô era um rabino ortodoxo.

Durkheim viajou para uma ilha distante no Pacífico pensando que a religião dos nativos de lá, que viviam um estilo de vida primitivo, se assemelhasse à religião em sua forma mais antiga e básica. Essa pressuposição é um tanto primitiva (as pessoas que não têm encanamentos em casa devem estar vivendo do mesmo jeito que as pessoas viviam e cultuavam em tempos antigos), mas Durkheim, de fato, chegou a algumas conclusões importantes e válidas. Ele descobriu que, para os habitantes da ilha, "a religião surgia como uma maneira de os grupos sociais se sentirem como grupos". Quando um bebê nascia, as pessoas se reuniam para comemorar e para ajudar a nova mãe. Como seria um acontecimento feliz se não houvesse ninguém para compartilhá-lo com você? Quando acontecia uma ameaça de furacão, as pessoas trabalhavam juntas para se preparar e se reuniam depois para reparar os danos.

Religião é o que você faz, não aquilo em que acredita

É muito provável que o principal papel da religião em sua mais antiga encarnação fosse assegurar aos indivíduos que eles não estavam sozinhos em um mundo instável. Quando temos um acontecimento feliz para comemorar ou uma fatalidade para superar, precisamos fazer isso na companhia de outras pessoas. A fé abstrata, uma religião do coração e da mente, a religião como uma experiência particular, nem de longe cumprirá essa função tão bem.

Pode bem ser o caso de que a palavra "religião" esteja relacionada à palavra "ligação", do latim *ligare*, "ligar". Seria possível argumentar que a palavra se refere a crenças que ligam uma pessoa a Deus, mas eu me sinto mais inclinado a concordar com Durkheim que o papel da religião é nos ligar a outras pessoas a fim de evocarmos juntos a noção de que Deus está em nosso meio. Não vamos à igreja ou à sinagoga para encontrar Deus; Deus pode, de fato, estar mais acessível na natureza em um dia de sol. Vamos à igreja ou à sinagoga para encontrar outras pessoas no culto que também estejam procurando o mesmo que nós e, juntos, o encontrarmos. Tornamo-nos algo maior do que nossa pessoa solitária.

É uma regra no judaísmo que algumas orações, entre elas a celebração da majestade de Deus, a leitura pública da Torá nos serviços e a afirmação de fé de uma pessoa em luto recente, apesar da perda, só podem ser pronunciadas na presença de um quórum de pelo menos dez pessoas. A santidade de Deus não é manifestada em uma pessoa sozinha, por mais virtuosa que ela seja, mas entre pessoas que tenham se reunido para invocar a Presença Divina.

Os seres humanos são, intrinsecamente, criaturas sociais. Lembro-me de apenas uma frase de meu ano de antropologia na faculdade: "Um chimpanzé sozinho não pode ser um chimpanzé." Eu diria algo semelhante sobre as pessoas: uma pessoa sozinha nunca será um ser humano completo.

Alguns anos atrás li sobre uma experiência bizarra realizada por um rei medieval. Ele queria descobrir que língua Adão e Eva falavam se não tinham ninguém que lhes ensinasse uma. Então, ele pegou vários bebês recém-nascidos e isolou-os de todo contato humano para ver que língua surgiria espontaneamente. Eu teria previsto que os bebês nunca aprenderiam a falar. O resultado efetivo foi pior ainda. Todos eles morreram. Precisamos da companhia de outros para invocar nossa humanidade potencial.

Você já teve a experiência de assistir a um filme muito engraçado sozinho em casa ou em um cinema onde havia poucas pessoas além de você? Anos atrás eu tive essa experiência. Havia um filme do Monty Python que nosso filho estava muito ansioso para ver. Já estava em exibição no cinema havia várias semanas e prestes a sair de cartaz. Eu o peguei na escola no fim das aulas e o levei a Cambridge, a um cinema especializado em filmes estrangeiros para pessoas com gostos fora do padrão. Havia talvez mais três pessoas no cinema além de nós, e embora o filme fosse muito engraçado, foi difícil nos divertir totalmente naquela situação. É por isso que seriados de comédia têm risadas de fundo — não para lhe dizer quando rir, mas para criar a ilusão de que você é parte de um público maior compartilhando a experiência. É por isso que, embora possamos ver um jogo de futebol muito melhor pela televisão, com imagens em close-up e replays imediatos, a *experiência* do jogo é melhor no estádio, onde, a qualquer momento, uma jogada pode transformar milhares de indivíduos em um único organismo festejando e gritando.

Religião é o que você faz, não aquilo em que acredita

Meu meio século de experiência como rabino de uma congregação em um subúrbio de Boston endossa o que Durkheim disse sobre o papel da religião na vida daqueles habitantes da ilha do Pacífico. Conheço por experiência, tanto pessoal como indireta, a alegria sentida por uma família que planeja uma festa de casamento ou bar mitzvah cada vez que chega um cartão de resposta informando que mais um de seus convidados terá o prazer de comparecer. E, no outro extremo, já vi e senti na pele como o melhor modo de aliviar a dor pela perda de uma pessoa amada é ter uma casa cheia de amigos segurando sua mão, secando suas lágrimas e sofrendo junto. Para mim, isso é religião em ação. É quando a religião se torna real.

Um dos primeiros conselhos que dou a pessoas que estão passando por uma fase difícil, seja uma morte, divórcio, perda de emprego, ou qualquer outra fatalidade, é: "Por favor, não tente lidar com isso sozinho. Eu sei que pode ser incômodo pedir ajuda. [Isto tende a ser um problema especialmente para homens, que muitas vezes sentem, pela minha experiência, que pedir ajuda é uma admissão de incompetência.] Sei que não gosta da ideia de se expor em um momento como este, quando está deprimido e emocionalmente vazio. Mas este é o momento em que você precisa que as pessoas estejam ao seu lado. Quando você se sente rejeitado por Deus, pelo destino, por pessoas importantes em sua vida, o melhor remédio é estar na companhia de pessoas que lhe digam que você é bom e competente e que elas se importam com você."

Luhrmann vai ainda mais longe em seu artigo no *New York Times*, argumentando que a crença, entendida como concordar com afirmações ou proposições sobre Deus, é "um fenômeno inteiramente moderno". Ela cita o eminente estudioso de religião comparada Wilfred Cantwell Smith, que observou que, quando a Bíblia King James foi traduzida para o inglês, em 1611, "acreditar" significava algo como "valorizar, estimar". O termo pode ser relacionado ao verbo alemão *lieben*, "amar". Smith sugere (e Luhrmann o apoia) que a afirmação "Eu acredito em Deus", no princípio, não significava "Eu estou convencido de que Deus existe", como se Deus estivesse concorrendo à reeleição e precisasse de nosso apoio. Na formulação de Smith, significa algo como "Eu me importo profundamente com Deus, confio a ele meu coração e minha alma e opto por viver em lealdade a ele".

Pensemos desta maneira: quando meu primeiro livro foi publicado e se tornou um sucesso de vendas, o editor me encaminhou a uma longa turnê, que me tirou de casa de domingo a quinta-feira por várias semanas, para promover minha obra. Posso imaginar as pessoas dizendo para minha esposa: "Você não se preocupa por seu marido passar tanto tempo longe de casa, cercado de admiradoras?" E imagino que ela lhes teria dito: "Não, porque eu acredito em meu marido."

Ao dizer "Eu acredito em meu marido" ela não estaria afirmando minha existência; ninguém estaria questionando isso. Dizer que você acredita em uma pessoa é dizer que você confia nela, que você pode se apoiar nela.

Seguindo o mesmo raciocínio, acreditar em Deus não é afirmar sua existência. Acreditar em Deus significa confiar em Deus, estar seguro de que Deus estará ali quando você for afligido pelo desespero, para iluminar seu caminho quando você estiver incerto do que fazer. Luhrmann escreveu: "Nesses dias, eu acho mais útil pensar na fé como as

Religião é o que você faz, não aquilo em que acredita

perguntas em que as pessoas decidem se concentrar e não as afirmações que observadores acham que elas devem apoiar."

Harvey Cox, autor de vários livros muito lidos, foi por muitos anos o professor mais popular de pensamento cristão na Harvard Divinity School. Seu último livro, escrito por ocasião de sua aposentadoria e publicado em 2009, chama-se *O futuro da fé*. Nele, Cox confessou que estava preocupado com o futuro do cristianismo. Ele sugeriu que o cristianismo começou como "um movimento do espírito, animado pela fé — por esperança e confiança no amanhecer de uma nova era de *shalom* que Jesus havia demonstrado". Por quase três séculos a Era da Fé prosperou. "Depois, porém, em um período de tempo relativamente curto, (...) o que havia começado como um vigoroso movimento popular degenerou em um edifício desequilibrado definido por crenças obrigatórias impostas por uma hierarquia."

Perto do fim do livro, Cox apresentou seu alerta e sua previsão: "O cristianismo entendido como um sistema de crenças guardadas e transmitidas através de uma instituição religiosa privilegiada por uma classe clerical está morrendo. Em vez disso, hoje, o cristianismo, como forma de vida compartilhada em uma ampla variedade de maneiras por uma rede global diversificada de comunidades, está surgindo." Nessas palavras, Cox lança um holofote sobre o problema de um sistema religioso definido por aquilo em que uma pessoa acredita.

A crença existe dentro da pessoa. Desta forma, tem o poder e a tendência de separá-la dos que têm crenças diferentes. Mas a religião autêntica liga as pessoas em vez de separá-las entre os eleitos e os extraviados, os salvos e os que caminham na escuridão. A função primária da religião, como Durkheim descobriu e ensinou e como todo clérigo de congregações de qualquer denominação descobriu por si mesmo, é reunir as pessoas, não separá-las, aumentando assim sua alegria e diluindo suas tristezas. Para que isso aconteça, a teologia de uma pessoa tem que escapar da prisão do ser individual e traduzir-se em atos sagrados compartilhados com outros, atos santificados por terem em si as digitais de Deus.

CAPÍTULO SETE

Deixe espaço para dúvida e raiva em sua perspectiva religiosa

Se você se considera uma pessoa comprometida com a religião, se acha que sua fé em Deus é parte importante de quem você é, acharia aceitável, em alguma circunstância, duvidar de Deus? Você viola seu próprio entendimento do que significa ser uma pessoa de fé se, às vezes, não tem certeza de que há um Deus ou se não se sente seguro de poder confiar que Deus fará as coisas que você espera que Ele faça? Você se permite ter dúvidas se as palavras e acontecimentos atribuídos a Deus na Bíblia de fato aconteceram, do relato da Criação do mundo em seis dias à divisão do Mar Vermelho para que os israelitas passassem quando saíram do Egito?

E se você se sentir incomodado pela condenação explícita de Deus ao sexo entre dois homens (Levítico 18:22) ou pela lei de que adúlteros devem ser apedrejados (Deuteronômio 22:22), sem falar na proibição de comer porco (Deuteronômio 14:8)? E quanto à exigência de que um homem, que talvez já seja casado, se case com a viúva de seu irmão, caso ela não tenha tido filhos, e crie os filhos desse novo matrimônio como descendentes de seu irmão (Deuteronômio 25:5-6)? Ou a advertência do Novo Testamento de que as mulheres devem permanecer fora de vista tanto quanto possível e que sua voz não deve ser ouvida na igreja (1 Timóteo 2:11-12)?

Se sua consciência religiosa ficar perturbada ao encontrar essas passagens na Escritura ou nas doutrinas de sua tradição, você deve abafar seus instintos morais e dizer a si mesmo: "Se está na Bíblia, eu tenho que acreditar que é a vontade de Deus e não tenho escolha a não ser aceitar. Não vou me colocar como mais certo do que Deus"?

Indo mais longe, é moralmente e religiosamente aceitável questionar a origem divina das palavras de Deus, ou mesmo questionar a própria existência de Deus? Como já mencionei, minha ingênua fé em Deus da infância foi abalada por dois acontecimentos em meus anos de pré-adolescência e adolescência. Eu tinha 10 anos quando meu melhor amigo morreu de um tumor no cérebro e 14 quando a dimensão assombrosa do Holocausto se tornou conhecida. Tenho certeza de que não fui a única pessoa a pensar: "Não pode haver um Deus se coisas assim acontecem."

Acredito que seja não só permissível, mas também uma obrigação religiosa, questionar a existência de Deus se você estiver incomodado com algumas das coisas que lhe foram ensinadas, questionar a origem divina de coisas que são ditas em nome de Deus e, então, buscar respostas para suas dúvidas. A única reação inaceitável, do ponto de vista religioso, é rejeitar a religião por completo e fechar sua mente para novas reflexões. Não posso acreditar que Deus nos abençoaria com uma inteligência crítica, com a capacidade de estender as fronteiras do conhecimento e do entendi-

Deixe espaço para dúvida e raiva em sua perspectiva religiosa

mento, no que se refere à biologia e à psicologia, e depois nos dissesse "Agora pare, não continue", quando se trata da teologia. Para mim, a oposição à fé não é a dúvida, mas a desesperança, a conclusão de que estamos sozinhos em um mundo frio e não confiável.

A resposta mais sábia que encontrei para a questão da legitimidade da dúvida vem de Anne Lamott, que escreveu em *Plan B: Further Thoughts on Faith* (2005): "O oposto da fé não é a dúvida, mas a certeza." Quando alguém me diz "Eu não *acredito* simplesmente que há um Deus; eu *sei* que há", muitas vezes me sinto tentado a responder: "Nesse caso, você não tem fé religiosa; você tem informação." Para mim, fé em Deus é bastante semelhante a casamento, que é fé em outra pessoa. Significa o compromisso sólido de dar a Deus o benefício da dúvida, não porque Deus precise disso (tenho certeza de que Deus poderia muito bem seguir sem nós, se precisasse), mas porque nós precisamos. Escolho acreditar na realidade de Deus não porque a lógica exige ou porque os argumentos são convincentes, mas porque as coisas que faço assumem outra dimensão quando acredito. As alegrias se tornam mais significativas e as decepções mais suportáveis quando acredito.

Da mesma maneira que um cientista intelectualmente honesto deve estar preparado para revisar e, se necessário, descartar suas teorias mais queridas e amplamente aceitas diante de novas informações, para não vir a sofrer o destino daqueles que citaram a Escritura na tentativa de refutar Copérnico, um homem ou mulher de fé, intelectualmente honesto, deve estar preparado para dizer: "Minha fé, na realidade e confiabilidade de Deus, é a base de minha vida, mas estou preparado para admitir que há limites para meu entendimento de quem Deus é e do que ele representa. Se evidências científicas ou outras evidências irrefutáveis, de qualquer ordem, conflitarem com as narrativas bíblicas ou com doutrinas pós-bíblicas, modificarei meu entendimento ou aceitação delas. Como a minha tradição me diz que Verdade é um dos nomes de Deus, não posso, de boa-fé, manter posições que conflitem com a Verdade."

Pode uma pessoa religiosa duvidar da palavra de Deus, da bondade de Deus, ou mesmo da existência de Deus, ou a fé requer que suspendamos nossas faculdades críticas na porta da igreja ou da sinagoga? A Bíblia nos lembrará de que algumas das pessoas mais cheias de fé na história tiveram seus momentos de dúvida quanto à palavra de Deus. Jeremias é o mais exposto e mais apaixonado dos profetas bíblicos. Ele traz a palavra de Deus para as pessoas, como todos os profetas (ser um profeta não significa contar o futuro; significa contar a verdade), mas é um dos poucos que também falam com Deus, questionando Deus, perguntando-Lhe por que impôs a ele, entre todas as pessoas, a tarefa indesejável de dizer aos outros coisas que eles não queriam ouvir. A palavra de Deus para ele é tão dura, tão condenatória, que Jeremias, que ama seu povo como ama a seu Deus, não consegue transmiti-la. No fundo de sua alma, ele não quer acreditar que aquelas são as palavras de Deus e não quer acreditar que Deus o encarregue de dizê-las: "Pois do norte eu trago o mal e grande desastre (...) para tornar tua terra uma desolação, tuas cidades uma ruína" (Jeremias 4:7).

Jeremias ouve outros profetas prometendo ao povo que Deus nunca os abandonará, que fará um milagre para eles como fez para Moisés, que nunca deixará o mal chegar a Jerusalém ou à Casa a que Seu nome está ligado. Jeremias

Deixe espaço para dúvida e raiva em sua perspectiva religiosa

pergunta a Deus por que ele não pode receber a ordem de transmitir uma mensagem como essas, para que as pessoas o amem. A resposta de Deus, basicamente, é que isso é o que significa ser um profeta, dizer coisas que ninguém quer dizer ou ouvir, mas dizê-las porque não se pode fugir da constatação de que elas são a verdade de Deus.

Há uma história, provavelmente apócrifa, sobre um sacerdote católico romano perplexo pela elevação à santidade de um papa do Renascimento que era um conhecido fornicador e saqueador do dinheiro público. Quando lhe perguntaram se ele não acreditava que Deus tinha o poder de usar instrumentos falhos para seus propósitos, o sacerdote respondeu: "Não é o poder de Deus que estou questionando, é a Sua preferência."

Jeremias não é o único exemplo de profeta relutante que duvida da preferência de Deus por tê-lo escolhido para a tarefa inglória de ser um porta-voz divino, imaginando se Ele não teria cometido um erro ao chamá-lo para profetizar. Muitas personalidades bíblicas especulam se Deus não as confundiu com alguém mais capaz. Moisés não está usando falsa modéstia quando diz a Deus, conforme citado anteriormente: "Quem sou eu para ir até o faraó?" (Êxodo 3:11), e, alguns versículos adiante, ele implora a Deus: "Por favor, faça de alguma outra pessoa o seu agente" (4:13).

No capítulo 6 do livro dos Juízes, em uma época em que os madianitas estavam oprimindo Israel, um anjo do Senhor apareceu para um agricultor muito simples chamado Gedeão e lhe disse: "O Senhor esteja contigo, valente guerreiro" (6:12). Gedeão responde ao anjo: "Se o Senhor está de fato conosco, por que tudo isso nos aconteceu? Onde estão todos os feitos maravilhosos de que nossos pais falaram?" (6:13). Deus tem que fazer uma série de milagres para convencer Gedeão de que realmente é Deus que o chama. O autor do Salmo 44 começa lembrando a Deus: "Nossos pais nos contaram dos feitos que realizaste nos tempos antigos" (44:2). Mas, hoje, ele lamenta: "Tu nos rejeitaste e desgraçaste, fizeste-nos recuar diante de nossos inimigos (...) Fizeste de nós motivo de riso entre as nações, zombaria entre os povos" (44:10-14).

Nenhuma dessas vozes bíblicas expressa dúvida em relação à existência de Deus, seu poder ou seu compromisso com o que é certo e justo. A dúvida deles é quanto à presença de Deus em tempos de necessidade (Por quanto tempo, Senhor, deixarás o inimigo prevalecer?) e ao seu discernimento (O que te leva a pensar que eu sou a pessoa certa para esta missão?). Eles são todos, apesar de suas preocupações, homens (e uma vez ou outra mulheres) de profunda fé. Seu exemplo pode nos ensinar o que significa ser uma pessoa religiosamente séria. Não significa banir toda dúvida. Significa uma disposição a viver com a dúvida. Significa dar a Deus o benefício da dúvida, como faríamos com qualquer pessoa a quem amamos, e para que isso aconteça é preciso que haja dúvida, em primeiro lugar.

Dúvidas sobre Deus não precisam ser vistas como falhas da fé. Elas podem ser vistas como manifestações de fé, preocupações nascidas de se importar o suficiente para se perturbar com as irregularidades da vida. Mais ou menos da mesma maneira, a raiva de Deus pelas coisas injustas que acontecem na vida, raiva do mundo por toda a injustiça que o denigre, raiva por algumas pessoas escaparem ilesas de ações ruins, não precisam ser vistas como uma rejeição da doutrina religiosa. A raiva, mesmo a raiva de Deus, pode ser uma reação religiosa autêntica. Pensemos naquele mo-

Deixe espaço para dúvida e raiva em sua perspectiva religiosa

mento no final do ato 1 de *Um violinista no telhado*. A comemoração do casamento da filha mais velha de Tevye é interrompida por um pogrom, uma manifestação contra os judeus promovida por arruaceiros locais. Eles viram mesas, pegam a comida e arruínam muitos dos belos presentes. A reação silenciosa de Tevye à violência não é baixar humildemente a cabeça e aceitar a vontade inescrutável de Deus. Ele ergue e sacode o punho para Deus, em fúria.

Muitos anos atrás, aconteceu uma tragédia no acampamento de verão que nossos netos frequentavam. Os campistas mais velhos foram fazer rafting, como era o costume no começo de todo verão. Isso era algo que aqueles garotos de 15 anos aguardavam com ansiedade: a alegria de estar na natureza com um toque de perigo que eles nunca experimentavam durante o ano escolar. (Os psicólogos aprenderam que, quando não se dá a meninos adolescentes algo ligeiramente perigoso para fazer, eles inventarão comportamentos de risco por conta própria.) Nunca havia acontecido nenhum problema, mas, naquele dia de verão, um menino muito popular e querido saiu de seu barco e foi arrastado por uma corrente forte, além do normal naquela região. Ele acabou ficando preso, dentro da água, sob uma grande pedra, e todos os esforços dos adultos presentes não foram suficientes para soltá-lo. Todo o acampamento ficou em choque e luto. O diretor me chamou, por ser alguém que tinha vínculos com o acampamento e havia escrito um livro sobre reveses que acontecem a pessoas boas, e perguntou se eu poderia ir até a Geórgia e conversar com os campistas e os monitores enlutados. Claro que concordei.

Adolescentes reagem ao infortúnio de modo diferente de adultos ou crianças mais novas. Adultos ficam tristes;

adolescentes ficam bravos. Não sei de onde vem essa diferença, se é de sua recém-descoberta noção de vulnerabilidade ou da constatação de que aquilo que lhe disseram em casa e na escola dominical — que, se você for bom, Deus o protegerá — não é verdade. Eu sabia que, antes de poder falar com eles sobre minha crença teológica em um Deus autolimitado que não controla tudo, mas nos dá a capacidade de lidar com as injustiças da vida, antes de lhes dizer que eu não acreditava que o que havia acontecido a Andrew fosse um castigo por algo que ele tivesse feito, então, eles não precisavam ter medo de ser os próximos a sofrer por terem feito coisas semelhantes, eu teria que lidar com essa raiva.

Eu pedi que abrissem sua Bíblia no início do livro de Deuteronômio, o último livro da Torá, e lhes mostrei como Moisés, no fim da vida, é levado a expressar sua ira contra Deus. Ele serviu a Deus fielmente por quarenta anos, sacrificando seu relacionamento com a esposa e com os filhos no altar do serviço como mensageiro de Deus, ouvindo as reclamações de um povo eternamente insatisfeito, ordenando-lhes que fizessem coisas que eles talvez não quisessem fazer e proibindo-os de fazer coisas que eles poderiam se sentir tentados a fazer. E qual é sua recompensa por quarenta anos de serviço fiel? Todos esses povos que tornaram sua vida tão árdua vão viver na Terra Prometida e ele, não. Moisés diz a Deus que Ele está sendo injusto e Lhe pede se poderia, por favor, mudar de ideia.

Isso não parece nem um pouco com algo que Moisés diria, alguém que serviu a Deus com fidelidade por tanto tempo. Por que esse desabafo agora, no fim de sua vida? Minha pressuposição sempre foi que, naquele momento, Moisés era um homem velho e debilitado, cansado de guardar

Deixe espaço para dúvida e raiva em sua perspectiva religiosa

suas frustrações. Mas, então, ouvi a estudiosa anglo-israelense Avivah Zornberg apresentar uma nova interpretação instigante. Ela sugeriu que Moisés expressa sua ira contra Deus a fim de dar permissão aos israelitas, pelo seu exemplo, para expressar sua própria ira. Ele os ouviu resmungar em suas tendas, falando de sua infelicidade por ter vivido no deserto sem uma residência fixa, reclamando do suprimento limitado de comida disponível.

Moisés é astuto o bastante para compreender o risco dessa raiva reprimida envenenando os sentimentos das pessoas em relação a Deus. Então, com seu exemplo, abre a porta para que eles expressem seus sentimentos, o que eles fazem prontamente. Desabafam de imediato quarenta anos de frustração contida. Reclamam que Deus deve odiá-los e que foi por isso que os submeteu a todas aquelas peregrinações. Se Deus realmente os amasse teria deixado que permanecessem no Egito e mandado os egípcios para o deserto. Então, pouco depois de o povo ter manifestado sua ira contra Deus, Moisés compartilha com eles um dos versículos mais apreciados de toda a Torá, Deuteronômio 6:5: "Amarás o Senhor teu Deus com todo o teu coração, com toda a tua alma e com toda a tua força." A implicação disso, no entendimento da professora Zornberg, é que, antes que os israelitas se sentissem livres para expressar sua ira contra Deus sem medo de que Ele se ressentisse com eles, não poderiam amá-Lo "com todo o coração". Eles estariam reprimindo alguns de seus sentimentos mais profundos. Seu amor por Deus seria incompleto, uma base inadequada para um relacionamento sério.

Eu disse aos jovens enlutados no acampamento de verão: "Vim aqui hoje para fazer por vocês o que Moisés fez pelos israelitas no deserto do Sinai: dar-lhes permissão para ficar bravos com Deus. Deus não vai fazer nada de ruim a vocês por estarem bravos com ele. Sabem por quê? Porque Deus está do lado de vocês. Ele também está bravo, Ele também está tão triste pelo que aconteceu com Andrew quanto vocês e eu. Deus não fez isso acontecer. Por que o faria? Foi a natureza, uma combinação mortal de vento, pedras e água se unindo bem na hora errada. Qual é o papel de Deus nessa história terrível? A função Dele é lhes dar a força que talvez não tenham hoje, mas de que precisarão amanhã, a força para manter sua fé de que o mundo é bom, mesmo agora, que aprenderam como a vida pode ser frágil e imprevisível. Deus quer ajudá-los a encontrar força para confortar a família de Andrew, para lhes dizer quanto ele era amado." Citei para eles as palavras que um clérigo que conheço, um ex-capelão de faculdade, cujo filho também morreu afogado em um acidente: "Eu acredito que, quando o carro dele bateu na água, o coração de Deus foi o primeiro a se partir."

"Amarás o Senhor teu Deus com todo o teu coração." Se estivermos bravos com Deus por causa de algo que aconteceu conosco ou por causa de algo que está acontecendo no mundo e relutarmos em admitir nossa raiva porque ela parece desrespeitosa ou por temermos que Deus possa nos punir por estarmos bravos com Ele, não seremos capazes de "amar a Deus com todo o coração". Só podemos amá-Lo pela metade. A esposa que tem medo de dizer ao marido como se sente incomodada com alguns dos hábitos dele, por medo que ele se irrite com ela e talvez até a deixe, não será capaz de amá-lo plenamente, e isso afetará o relacionamento. O adolescente que é repreendido por ficar bravo com os pais, "depois de tudo que nós fizemos por você", ou cujas

Deixe espaço para dúvida e raiva em sua perspectiva religiosa

esperanças e sonhos são recebidos com zombaria pelos pais, aprenderá a guardar seus sentimentos para si mesmo. Este será um impedimento para que ele seja capaz de amar seus pais de todo coração, como gostaria de fazer.

Aceitar a raiva, nossa ou das pessoas próximas de nós, tem que ser parte de qualquer relacionamento sincero. Se o oposto da fé não é a dúvida, mas a desesperança, o oposto do amor autêntico, do amor de todo coração, não é a raiva, mas o fingimento, a censura de nossos sentimentos. Não acredito que Deus possa ser enganado com isso, nem acredito que seja isso que Ele queira de nós. Deus aceitará nossa raiva, justificada ou não, para que, então, possamos continuar a amá-Lo "com todo o coração, com toda a alma e com toda a força".

CAPÍTULO OITO

Para se sentir melhor consigo mesmo, encontre alguém para ajudar

"Rabino, me diga por que eu devo continuar vivendo." A mulher que se sentou à minha frente e falou essas palavras era membro de minha congregação, embora eu não a conhecesse bem. Eu havia oficiado os serviços de bar mitzvah de seus dois filhos uns vinte anos antes e não tivera mais nenhum contato significativo com a família desde então. Creio que ela tivesse por volta de 60 anos. Não havia nada muito notável em sua aparência ou no modo como ela se vestia. Sua voz era suave, com pouca emoção, além de uma tristeza que a impregnava. Seu marido estava sentado ao seu lado, não perto o bastante para segurar sua mão. Ele parecia igualmente desanimado e não disse uma palavra durante o tempo que passamos juntos.

Ela prosseguiu: "Não tenho problemas de saúde; minha saúde é boa. Não há problemas financeiros. Nossos filhos fizeram faculdades públicas e conseguimos pagar nossas contas. Eu tinha um emprego até uns dois anos atrás, quando fui demitida. É só que eu sinto que a maioria das coisas

Para se sentir melhor consigo mesmo, encontre alguém para ajudar

boas que podiam acontecer em minha vida já aconteceram, e não tenho mais nada a esperar. Estou envelhecendo. Nenhum dos meus meninos tem uma namorada firme, mas, mesmo que tivessem, e mesmo que eu gostasse da menina e da família dela, imagino que seria bom ir ao casamento deles, mas, e depois? Dois lindos dias nos próximos trinta anos? E se eu não me desse bem com a família da moça, não teria nem isso."

Eu não sabia bem como responder. A primeira impressão que tive foi que ela estava entediada com a vida, mas não acho que ajudaria se eu lhe dissesse isso. Tive conversas com pessoas que haviam se ferido gravemente em acidentes de automóvel e não voltariam a andar como antes. Sentei-me junto à cama de pessoas diagnosticadas com uma doença degenerativa que só ia piorar. Sequei as lágrimas de homens e mulheres (principalmente mulheres) que haviam sido deixados pelo parceiro, ou parceira, tendo como palavras de despedida a previsão de que ninguém jamais os amaria. E tentei lhes dar razões para acordar na manhã seguinte e desejar o novo dia. Mas nunca havia sido chamado a aconselhar alguém que não queria continuar vivendo porque achava a vida chata.

Comecei minha resposta dizendo-lhe que ficava contente por ela ter me procurado. Disse que via isso como uma indicação de que ela queria ajuda. "Não posso imaginar que você tenha vindo aqui esperando que eu lhe dissesse que concordo com você, que a vida não tem sentido, portanto, vou tentar ajudá-la."

Comentei que, se estava faltando emoção em sua vida, talvez fosse por ela estar trabalhando com um elenco limitado de personagens: ela, o marido e dois filhos. Ela havia falado sobre o marido e os dois filhos, mas não havia outros parentes, amigos ou organizações a que ela pertencesse? Eu achava que ela poderia tentar incluir mais algumas pessoas em sua vida, e se não se sentia à vontade para tomar a iniciativa nisso (desconfio que esse fosse o caso), havia muitos tipos de grupos já formados em que ela poderia entrar. "Espero que você perceba", eu lhe disse, "que a sinagoga não é só um lugar aonde as pessoas vêm rezar para Deus. Há muitas atividades — grupos de leitura, grupos sociais, maneiras de servir a comunidade — que não envolvem um comprometimento religioso, e esses grupos estão sempre procurando novos membros." (A palavra "sinagoga", a palavra "congregação" e o termo hebraico "*bet Knesset*" significam, todos, "um lugar onde as pessoas se reúnem".)

"A outra coisa que me preocupou no que você me disse", falei a ela, "foi que tudo tinha a ver com o que outras pessoas estavam ou não fazendo por você, e sobre isso você não pode ter muito controle. Não ouvi nada sobre o que você está fazendo com outros ou pelos outros, e talvez seja exatamente aí que você pode começar a mudar, a maneira mais fácil de se sentir melhor com sua vida."

"Sou rabino há muito tempo", eu lhe disse. "Já lidei com muitas pessoas que estavam sofrendo. Mulheres cujo marido tinha morrido ou ido embora, pessoas chorando pela morte de um filho ou a perda de um emprego, pessoas cuja saúde deteriorada as impedia de fazer as coisas de que antes gostavam. Em todos os casos, eu lhes dei uma única regra, e ela quase sempre funcionou: a melhor maneira de se sentir melhor consigo mesmo é encontrar alguém para ajudar. A viúva, o pai cujo filho morreu ou está gravemente doente, essas pessoas não só têm o direito como o poder quase mágico de dizer a outra pessoa, que também está em uma fase difícil, algo que os médicos e os religiosos não conseguem:

Para se sentir melhor consigo mesmo, encontre alguém para ajudar

'Eu sei o que você está passando porque enfrentei a mesma situação. Vamos conversar sobre isso."'

O livro bíblico de Rute, um dos mais bonitos da Bíblia, é uma história de amor em vários níveis. Ela conta como, durante uma das fomes periódicas que afligiam a terra de Israel, um homem rico, com a esposa e com os dois filhos, se muda de Israel para a terra vizinha de Moab, onde a fome é menos intensa. Eles vivem lá por muitos anos, durante os quais seus dois filhos se casam com mulheres moabitas. Anos se passam, o homem e os dois filhos morrem, e a viúva Noemi faz planos de retornar à terra de Israel. Ela insiste que as noras voltem para suas próprias famílias, e ela voltará para a família do marido em Belém.

Uma das noras, Orfa, despede-se e parte para se unir novamente a seus parentes moabitas. A outra, Rute, pede para ficar ao lado da sogra idosa para não deixá-la viajar sozinha. Ela pronuncia as palavras memoráveis usadas até hoje pelas pessoas que se convertem ao judaísmo: "Para onde fores, irei também. Teu povo será o meu povo e teu Deus, o meu Deus" (Rute 1:16).

(Os nomes, como acontece com tanta frequência na Escritura, são significativos. "Orfa" significa "a nuca" e indica virar as costas para outra pessoa. Diz a lenda, que por ser um nome diferente e único na Bíblia, este ["Orpah" em inglês] era para ser o nome de Oprah Winfrey, mas seu pai o escreveu errado na certidão de nascimento. O nome Rute, por outro lado, significa "amizade, lealdade", e isso, de fato a caracterizará.)

É um pedido muito tocante, mas quando elas chegam a Belém e Noemi é recebida por vizinhas que conhecia do passado, ela não parece muito agradecida pela lealdade ou pela companhia de Rute. Noemi diz às suas velhas amigas: "Parti cheia [ou seja, com marido e filhos] e o Senhor me mandou de volta, vazia." Vazia? E quanto à nora que abandonou sua terra e sua própria família para ficar com ela? Reconheço o modo de pensar de Noemi. Eu o vi em minha prática pastoral, em vítimas de infortúnios e tragédias. Sinto dificuldade em ajudá-las porque, em algum nível, elas não acreditam que mereçam ser ajudadas.

Noemi não reconhece que Rute está ali com ela, assim como não reconhece o que Rute deixou para trás para estar com ela, porque, em algum nível, ela não acredita que mereça ser ajudada.

Talvez, seguindo uma teologia com que estou muito familiarizado, Noemi pareça acreditar que todas essas coisas lhe aconteceram porque ela fez algo para merecê-las e, por isso, não deixará ninguém ajudá-la. Essa atitude só mudará quando Noemi, no capítulo seguinte, resolver ajudar outra pessoa. Esse ato de consideração leva-a a ver a si própria como alguém que pode fazer diferença na vida de outro, e isso restaura seu senso de valor pessoal. Como acontece com tanta frequência, ajudar alguém é a melhor cura para nossa própria sensação de não ter lugar no mundo.

Há uma história similar no livro do Gênesis, que costumamos ler na sinagoga nos serviços das Grandes Festas. O patriarca Abraão e sua esposa Sara estão casados há muitos anos e não têm filhos. Sara convence Abraão a usar sua serva Agar como substituta. Se ela tivesse um filho com Abraão, eles o adotariam e o criariam como sendo deles.

Agar tem um filho, Ismael. Quando Ismael chega ao seu 13º aniversário, Sara percebe que está grávida, para sua surpresa, e dá um filho a Abraão, a quem chamam de Isaac.

Para se sentir melhor consigo mesmo, encontre alguém para ajudar

Agora que a própria Sara é mãe, ela se ressente da presença de Agar e Ismael em sua casa e convence Abraão a expulsá--los. Ele os manda para o deserto, com suprimento de comida e água para um dia. Assim que a comida e a água acabam, Ismael grita que está com fome e com sede. Um anjo aparece e diz a Agar para pegar Ismael pela mão e levá-lo até um determinado local onde haverá um poço.

Quase sempre, quando comento a história, eu enfatizo o ponto de que o poço estava lá o tempo todo, mas Agar estava deprimida demais para notá-lo. Para fins desta discussão, no entanto, prefiro me concentrar nas palavras exatas do anjo para Agar. O hebraico em Gênesis 21:18 é *"s'i et ha--na'ar v'hachaziki et yadech bo"*, geralmente traduzido como "levanta o menino e segura-o pela mão". Mas uma tradução literal dessas palavras seria "faz tua mão forte na dele". Essa é a prescrição da Bíblia para encontrar a saída da desesperança. Encontrar outra pessoa para ajudar; encontrar alguém que você possa pegar pela mão e conduzir a um lugar melhor. Você ajudará não só essa pessoa, mas a si mesmo. Fará com que você próprio se sinta mais forte ao estender a mão ao outro.

Ajudar outra pessoa é fortalecedor. Pensemos desta maneira: se alguém estiver em dificuldade e você tentar ajudá--lo dando-lhe dinheiro, ele apreciará seu ato, mas você ficará com menos recursos do que quando começou. Mas se você der a essa pessoa a mensagem de que se importa com ela, se ouvir com empatia a história dela em vez de interrompê-la e lhe dizer o que fazer, você a estará fortalecendo, ao mesmo tempo que se sente melhor consigo mesmo.

Há um conto do escritor russo Turguêniev em que o narrador é abordado por um mendigo na rua. O mendigo está desgrenhado, com as roupas rasgadas e gastas. Ele diz ao narrador: "Faz dois dias que não como. Poderia me dar algum dinheiro para eu comprar comida?" O narrador lhe responde: "Desculpe, irmão. Perdoe-me, mas não tenho dinheiro para lhe dar." O mendigo fala: "Está tudo bem. O senhor me deu algo mais precioso do que dinheiro. O senhor me chamou de Irmão."

O falecido Dr. Sherwin Nuland me chamou a atenção pela primeira vez em 1994, com seu livro *Como morremos*, e eu acompanhei seu trabalho desde então. Em seu livro *A arte de envelhecer* (2007) ele escreve sobre uma carta que recebeu de uma mulher de 73 anos que estava, em muitos aspectos, emocionalmente melhor do que a congregante que me procurou, mas fazia uma pergunta semelhante: "Quando se levou uma vida cheia de experiências tanto alegres como tristes e se sente que a capacidade de desfrutar a vida está lentamente se diluindo devido à velhice, não seria preferível pôr fim à vida?" Ela fala de suas dificuldades de audição e visão, conta que caminhar está ficando cada vez mais difícil e que ela "sente que é o momento em que deveria morrer" em vez de declinar até a senilidade e tornar-se um fardo para os outros.

O Dr. Nuland lhe responde ressaltando que há mais na vida do que as coisas que gostamos de fazer. "Às vezes (...) é necessário que vivamos pelos outros (...) Viva por aqueles que a amam, porque eles precisam de você." A vida de suas pessoas amadas, ele lhe diz, ficaria significativamente mais pobre se ela não estivesse mais presente.

Ele conta uma lembrança pessoal de sua avó quando ela estava com 70 e poucos anos e começando a ficar fisicamente debilitada, e sobre como ela ainda foi capaz de lhe ensinar

Para se sentir melhor consigo mesmo, encontre alguém para ajudar

em seus anos finais. Ao longo de seu crescimento houve tantas vezes em que ele se sentiu confuso, em que se prendia a prioridades injustificadas, e sua avó, com a base da sabedoria adquirida em anos de experiências boas e ruins, conseguia colocá-lo de volta no caminho. Ela lhe ensinou a diferença entre conhecimento e sabedoria. Conhecimento refere-se a saber como fazer algo; sabedoria significa saber se e quando fazer esse algo. O Dr. Nuland, formado em uma boa faculdade de medicina, tinha muito conhecimento, mas dependia de sua avó para a sabedoria. Muitas vezes aceitaremos conselhos dos avós mais facilmente que dos pais, porque percebemos que ouvi-los não compromete nossa independência, mas também porque, no fundo, compreendemos quanto significa para eles que nós os ouçamos e precisemos deles.

A cura mais acessível para a sensação de desesperança que minha congregante trouxe à minha sala foi instilar nela a consciência de que há pessoas e causas que dependem dela, que ficarão melhores com a participação dela, a consciência de que o mundo seria um lugar mais pobre se ela não fosse parte dele.

Eu disse à mulher em minha sala: "Você parece estar menosprezando as perspectivas de casamento de seus filhos. Só falou de apreciar ou não apreciar a cerimônia de casamento. Mas, e todos os anos que vêm depois da cerimônia, os tempos bons e os tempos difíceis da vida familiar?". Fiquei emocionado quando li as palavras tocantes de um padre católico romano de meia-idade: "Quando eu era jovem, celibato significava não ter sexo. Agora que sou mais velho, celibato significa não ter netos."

Há uma ligação especial entre avós e netos, e a mulher em minha sala seria tola se a descartasse. Há sabedoria obtida nos anos de vida, e ela terá ganhado o direito de compartilhá-la. Para os avós, há a possibilidade de uma imortalidade indireta. Para o neto, há amor sem a expectativa de obediência. É um amor raro e especial (eu tive a felicidade de experimentá-lo como avô e como neto), que não pede nada em troca.

"Você veio aqui", eu disse à mulher em minha sala, "para me perguntar por que deveria continuar vivendo. Não posso lhe dar uma resposta decisiva. Só posso lhe dar um conselho, nascido de minha própria experiência, que provavelmente foi muito diferente da sua. Mas posso lhe dizer isso com 100% de certeza: agarre-se à vida, deixe mais pessoas entrarem em sua vida, aprenda a se importar com elas. Deixe-as agradecidas por terem conhecido você. Apoie-se em sua família, vá ao casamento de seus filhos. Um dia, provavelmente mais de um, você vai parar e se lembrar desta conversa e dirá a si mesma: 'Que bom que vivi para ver isto. Como pude pensar em perder tudo isso?'"

Não sei como a história terminou. Deixei minha posição de rabino da congregação não muito tempo depois, para me concentrar no trabalho de escritor. Nunca encontrei a família nos serviços dos sábados, nem li nada sobre o casamento dos filhos daquela família. Mas, pelo menos, não vi o nome da mulher em uma página de obituários, então, talvez nosso tempo juntos e minha recomendação para que ela lesse Sherwin Nuland tenham sido úteis. Se eu me visse diante do mesmo desafio outra vez, daria a mesma resposta. A melhor cura para o sentimento de tristeza com a própria vida é estender a mão e ajudar outra pessoa. Nunca vi isso falhar. E a melhor prescrição para acrescentar alegria à própria vida é compartilhá-la com outros. Você aumentará a felicidade em sua vida ao compartilhar também os momentos felizes das outras pessoas.

Para se sentir melhor consigo mesmo, encontre alguém para ajudar

Para a pessoa madura que não consegue mais encontrar sentido e propósito na vida como encontrava antes — talvez tenha se aposentado de seu emprego, ou, talvez, esteja fazendo o mesmo trabalho por tanto tempo que ele se tornou uma rotina entediante; talvez seus filhos tenham crescido e formado as próprias famílias — o melhor conselho que posso dar é: volte e preencha os espaços que deixou em branco ao longo do caminho. Há coisas que você sempre quis fazer e limitações financeiras ou obrigações familiares impediram? Não veja seus anos de aposentadoria, seus anos depois de criar a família, como uma ociosidade obrigatória. Veja-os como o dom da liberdade para viver os sonhos que você sonhou no passado e foi forçado a deixar de lado.

Conheço um homem que, quando era jovem, admirava tanto sua professora de matemática do colégio e ia tão bem na matéria que achava que também seria professor de matemática no futuro. Essas habilidades em matemática o levaram a uma posição importante e prestigiosa como diretor de orçamento de uma grande empresa, mas ele nunca se esqueceu de seus sonhos de adolescente e do modo como uma professora havia tornado a álgebra empolgante para um menino de 15 anos. Hoje aposentado, ele dá aulas particulares para jovens que têm dificuldades em matemática e ensina-os a amar a matéria, como ele amava. Há também a mulher cujos filhos cresceram, casaram e se mudaram para outro estado; ela não vê os filhos e suas famílias com tanta frequência quanto gostaria. Quando os vê, ela os enche de mimos, claro. Mas, nos intervalos, trabalha como assistente voluntária em uma escola infantil local, mantendo seus talentos de avó afiados com os filhos de outras pessoas.

AS NOVE LIÇÕES ESSENCIAIS QUE APRENDI SOBRE A VIDA

O que eles e outras pessoas entenderam, o que a mulher que veio me procurar não parecia entender, é que a verdadeira satisfação vem do que fazemos pelos outros e não tanto do que os outros fazem por nós. Fazer pelos outros nos dá a sensação de ser fortes, competentes. Ter os outros fazendo por nós pode, às vezes, ser necessário e mesmo gratificante. Pode nos fazer sentir que temos importância. Mas há o risco de nos definir como dependentes. Dar não só é mais abençoado do que receber, como nos diz o Novo Testamento, como também é mais fortalecedor.

Para a mulher cujos filhos cresceram e que procura recuperar aquela sensação de propósito que ser mãe lhe dava, para o homem que se aposentou do emprego ou chegou ao ponto em que o trabalho se tornou rotina, para pessoas que estão tentando recuperar a sensação de significado e propósito na vida que o trabalho ou a maternidade antes lhe davam, por onde começar?

Começamos abrindo nossa vida para deixar outras pessoas entrarem: membros de nossa igreja ou sinagoga, de nosso clube de leitura ou outro grupo de que participarmos. Alguns anos atrás, Paul Tillich definiu religião como o que uma pessoa faz com sua solidão. Ele estava parafraseando algo que William James escreveu em sua obra-prima de 1902, *As variedades da experiência religiosa:* "Religião (...) deve significar para nós os sentimentos, atos e experiências de homens individuais em sua solidão." Com todo o devido respeito a pensadores muito acima de mim, acho que eles erraram nisso. Acredito que descobrimos nossa humanidade em seu plano mais profundo não quando estamos sozinhos, mas precisamente na companhia de outros, que também a buscam. É por isso que o judaísmo criou a ideia de

Para se sentir melhor consigo mesmo, encontre alguém para ajudar

um minian, o número mínimo de pessoas necessário para conduzir um serviço. A presença de Deus é mais prontamente invocada quando as pessoas se reúnem. Nossa humanidade é experimentada no que tem de melhor quando estamos na companhia de outros.

Em seguida, eu recomendaria que a pessoa em busca de apoio abrisse seu coração para pessoas que passam necessidade. Quando ajudamos outros, ajudamos ainda mais a nós mesmos. Ser capaz de ajudar outra pessoa cria uma sensação boa que dura muito além do próprio ato de gentileza. Há poucas sensações melhores na vida do que saber que alguém, em algum lugar, está agradecido por termos entrado em sua vida no momento em que ele precisava de nós.

Há mais uma opção disponível para a pessoa que queira achar a vida sempre inspiradora. Eu aconselharia que essa pessoa abrisse os olhos para a beleza e a maravilha do mundo. Muita gente se sente inclinada a pensar que a religião está em posição oposta à afirmação da natureza. Encontrar a divindade na natureza, elas dizem, é o que os pagãos fazem. Nossa fé, elas insistem, nos diz para passarmos as manhãs de fim de semana a portas fechadas, cantando hinos de louvor a Deus e ao mundo de Deus em um ambiente de luz artificial, calor e ar-condicionado. Eu discordo totalmente.

Como sugeri antes, é preciso saber que a natureza pode ser caprichosa, inconstante. A natureza não é moral. "Tempo bom" refere-se à nossa conveniência, não ao significado moral da previsão para hoje. Uma bela paisagem pode ser tão ludibriante quanto um vendedor bonito. No entanto, a natureza tem a capacidade de mexer com nossa alma de uma forma que toca sua origem divina.

AS NOVE LIÇÕES ESSENCIAIS QUE APRENDI SOBRE A VIDA

Lembro-me de algo que aconteceu quando eu tinha 16 anos. Eu estava no primeiro ano em Columbia e havia me inscrito em um curso noturno ministrado por Abraham Joshua Heschel no Seminário Teológico Judeu. Uma noite, o professor Heschel entrou na classe e nos disse: "Algo miraculoso acabou de acontecer enquanto eu caminhava pela Broadway vindo para a aula." Isso prendeu nossa atenção. Ficamos ansiosos para saber qual teria sido o acontecimento miraculoso. Ele prosseguiu: "Algo miraculoso aconteceu. O Sol se pôs e, de todas as pessoas na Broadway, ninguém notou, exceto alguns judeus praticantes, que receberam, com isso, a mensagem de que era hora da oração noturna."

Heschel estava nos ensinando que um milagre não precisa ser algo extraordinário e inexplicável, algo que parece contrariar a ordem normal das coisas. A regularidade previsível do mundo, o fato de que o nascer e o pôr do Sol, as fases da Lua, a mudança das estações aconteçam com tal precisão que possam ser previstos para o minuto preciso e nunca se desviar, isso é um milagre. O Sol nunca nasce atrasado ou se põe adiantado. (Josué 10:12, onde Josué ordena que o Sol interrompa seu curso até que os israelitas completem a destruição de seus inimigos, não deve ser entendido literalmente. É uma maneira poética de desejar que o dia dure o suficiente para que os israelitas terminem sua operação militar. Como Clarence Darrow ressaltou em 1925 em sua defesa de John Scopes por ensinar evolução, se o Sol tivesse realmente parado, ou seja, se a Terra tivesse parado de girar, por um minuto que fosse, quanto mais por várias horas, todas as construções no planeta teriam desabado, e não há indício de que isso tenha ocorrido.) Até mesmo os eventos excepcionais, o terremoto ou o eclipse solar, seguem leis rígidas de geologia e meteorologia.

Para se sentir melhor consigo mesmo, encontre alguém para ajudar

O milagre para o qual Heschel chamava nossa atenção não era que algo totalmente fora do comum tivesse acontecido, mas sim que algo totalmente comum e previsível havia ocorrido. Um sistema de fé sintonizado com o mundo natural celebra a ordem que torna nossas vidas viáveis: nascer e pôr do Sol, a mudança das estações, a água fervendo a uma temperatura previsível. Ele estava incitando aqueles de nós que haviam se acostumado a ver os poentes como algo corriqueiro a recuperar essa sensação de deslumbramento, para que não vivêssemos nossa vida em uma faixa emocional muito estreita. Um de seus ensinamentos básicos é que a religião nasce em uma sensação de deslumbramento.

Na tradição judaica, há bênçãos louvando a Deus pela previsibilidade do nascer e do pôr do Sol, bênçãos a ser recitadas não quando especulamos sobre o funcionamento do mundo natural, mas quando experimentamos de fato esses momentos. Há uma bênção pela chuva, mesmo quando ela interfere com nossos planos para um piquenique ou um jogo de bola. Sem essa chuva, as plantações não cresceriam.

Eu dizia aos professores de nossa escola religiosa: "Não quero ficar sabendo que, no dia da primeira queda de neve de verdade do inverno, vocês chamaram os alunos da janela para que voltassem à página 43 do livro. O espanto e o prazer de uma criança pequena com a beleza da neve são tão autênticos quanto uma oração e são uma reação tão religiosa à maravilha e beleza do mundo de Deus quanto qualquer coisa que estivesse em seu plano de aula para aquela tarde."

Heschel lamentava o fato de que tantos de nós vivem boa parte de nossa vida em uma faixa emocional tão estreita. Ele tentava nos lembrar de que a alegria, a alegria de estar vivo no mundo de Deus, é uma dimensão tão importante da vida religiosa quanto a devoção e a reverência. Quando você não encontrar nenhum prazer no sucesso, procure a alegria para despertar sua alma. E lembre-se de como, alguns anos atrás, um computador da IBM derrotou o campeão mundial de xadrez. Um cientista do meu círculo de conhecidos me disse: "Isso não prova que podemos criar máquinas que são superiores às pessoas?" Minha resposta foi: "Superiores? O que o computador fez foi impressionante, mas será que um computador poderia sentir prazer em sua vitória do modo como um campeão de xadrez humano sentiria?"

O rabino Arthur Green, um escritor prolífico sobre as dimensões espirituais da vida, escreveu em *Judaism's Ten Best Ideas: A Brief Guide for Seekers* (2014): "Cuidado com qualquer coisa que ameace afastar sua alegria [em nome da religião]. No fim, isso provavelmente o afastará de Deus também." É a capacidade de sentir alegria, ao lado da capacidade de amar, de sentir piedade, de rir, de imaginar algo que nunca aconteceu e trazê-lo para a existência que faz o ser humano especial.

Essa conversa com a mulher de meia-idade que achava sua vida insatisfatória foi memorável, mas frustrante, como é evidenciado pelo fato de que consigo me lembrar dela tão claramente tantos anos depois. Mas, em certo sentido, foi mais fácil do que poderia ter sido. E se, em vez de ser uma mulher saudável que achava sua vida entediante, ela tivesse entrado em minha sala para me dizer que havia sido diagnosticada com uma doença incurável e que os próximos anos de sua vida seriam marcados por crescente desconforto e cada vez menos capacidade de continuar a fazer as coisas que considerava significativas? Espero que, em um mo-

Para se sentir melhor consigo mesmo, encontre alguém para ajudar

mento como esse, eu pudesse ser sábio o bastante para falar menos e ouvir mais.

Em uma manhã de outono, em novembro de 2014, uma bonita mulher de 30 anos chamada Brittany Maynard e seu marido saíram de seu apartamento em Portland, Oregon, para uma consulta no médico de Brittany. Era o dia em que ele ia ajudá-la a morrer. O casal havia se mudado recentemente do norte da Califórnia para Portland para que Brittany, que sofria de câncer do cérebro em estágio avançado e incurável, pudesse se valer da lei de suicídio assistido de Oregon, que permite que pessoas com doenças terminais escolham quando e como querem morrer em vez de deixar que a doença determine isso para elas. Ela escolheu encerrar sua vida antes que a doença lhe roubasse as coisas de que mais gostava e antes que fosse reduzida a dor e debilitação. Não tenho nada além de compaixão por alguém como Brittany, ou pelas outras 750 que fizeram uso dessa lei no ano desde que ela foi aprovada. Mas quando uma lei similar esteve em votação alguns anos atrás em meu estado, Massachusetts, eu não só votei contra ela como a combati publicamente, e fiquei aliviado por não ter sido aprovada. Eu me opus à lei do suicídio assistido ou do direito de morrer não porque quero que as pessoas sofram, não porque acredito que vida e morte estejam exclusivamente nas mãos de Deus (se eu acreditasse nisso, não só renunciaria a toda a medicina, como atravessaria as ruas sem olhar para os semáforos). Eu me opus a ela porque tinha receio de que tornasse muito fácil e muito aceitável que pessoas como a mulher em minha sala, ou a menina cujo namorado a deixou, fizessem algo drástico quando estivessem se sentindo deprimidas e não vissem mais saída, e encontrassem um médico que aceitasse

AS NOVE LIÇÕES ESSENCIAIS QUE APRENDI SOBRE A VIDA

fazer o que elas lhe implorassem. Tinha receio de que muitos adolescentes, muitas pessoas solteiras ou divorciadas, muitos homens de meia-idade, dispensados do emprego, achassem a vida sem sentido e quisessem abdicar de seus anos não vividos. Em vez disso, o que senti quando me pronunciei contra a medida foi o desejo de que eles encontrassem dentro de si mesmos a força e a coragem que não sabiam que tinham até precisarem delas. É preciso haver alguma saída legal e moralmente aceitável para alguém como Brittany Maynard, cuja coragem e honestidade eu só posso admirar. Mas tem de haver uma barreira mais alta para que se possa usar essa saída.

É por isso que fiquei triste recentemente ao ler a sugestão de uma respeitada autoridade médica, Dr. Ezekiel Emanuel, chefe do Departamento de Ética Médica e Políticas de Saúde na Universidade da Pensilvânia, de que as pessoas recusem todo tratamento médico depois que chegarem à idade de 75 anos e permitam que a natureza siga seu curso, em vez de deixar sua família com lembranças delas como idosos frágeis, decrépitos e mentalmente confusos. Não sei bem o quanto ele esperava que sua sugestão fosse levada a sério, e poderia apostar que, daqui a 17 anos, quando o Dr. Emanuel, hoje com 58 anos, chegar ao marco dos 75, ele encontrará motivos para reconsiderar a ideia. Mas entendo o que ele estava querendo dizer. Mais cedo ou mais tarde, se uma doença ou um acidente não nos levar antes, a história de nossa vida consistirá menos no que escolhermos fazer e mais no que precisamos apenas para nos manter vivos. Enquanto escrevo estas linhas, estou me aproximando de meu aniversário de 80 anos. Ainda sou capaz de escrever outro livro, produzir um sermão ou palestra de qualidade, ir à aca-

138

Para se sentir melhor consigo mesmo, encontre alguém para ajudar

demia três vezes por semana e desfrutar a companhia de minha esposa, de nossa filha e de nossos netos, já adultos. Mas, mesmo enquanto escrevo estas palavras, lembro a mim mesmo que fico cansado muito mais depressa e com mais frequência do que apenas alguns anos atrás. Minha agenda de compromissos, muitas vezes, registrará três ou mais consultas médicas em uma determinada semana. Parei de dirigir à noite e distribuí muitos de meus ingressos do Red Sox porque os jogos acabam muito tarde e é preciso subir muitas escadas para chegar ao estádio. Apesar de tudo isso, ainda considero que tenho mais sorte que a maioria. Frágil, decrépito e mentalmente confuso? Não eu. Mas se isso acontecer no futuro próximo, dependerei da boa vontade de amigos e familiares para me aguentar e ajudar com amor.

Insistirei até meu último dia que a vida deve ser medida em três dimensões, não só em comprimento, mas em largura — quantas outras pessoas ela alcança? — e profundidade — que valores eu represento, mesmo em minha condição um tanto reduzida?

Em vez de endossar a sugestão do Dr. Emanuel de que, essencialmente, desistamos da luta aos 75 anos e deixemos a natureza seguir seu curso, prefiro o que o Dr. Atul Gawande escreve em seu livro muito bem recebido de 2014, *Mortais*. Ele insiste que os últimos anos de uma pessoa não devem ser uma traição dos valores que sua vida representou anteriormente, assim como o último ato de um drama ou o último capítulo de um livro devem ser construídos com base no que aconteceu antes. Mas Gawande percebe como é frequente que, em um esforço equivocado de manter pessoas idosas vivas a qualquer que seja o custo para seu bem-estar emocional e participação familiar, "condenemos os idosos a uma vida destinada a ser segura, mas vazia de tudo que importava para eles". Nas palavras do Dr. Gawande: "Nosso fracasso mais cruel no modo como tratamos os doentes e os velhos é o fracasso em reconhecer que eles têm prioridades além de meramente estar seguros e viver mais tempo." Deixemos que eles vivam audaciosamente por tantos anos quanto lhes restar. Deixemos que sofram dor e doença se necessário, em vez de sofrer solidão e a perda de tudo que lhes é familiar.

Quando o autor do Eclesiastes, cansado do mundo, atinge o estágio de não mais encontrar prazer na vida, apesar de sua saúde e de suas realizações, ele descobre o remédio nestas palavras: "Vai, come teu pão com alegria e bebe teu vinho com prazer, e teus atos serão aprovados por Deus (...) Desfruta a felicidade com alguém amado em todos os dias fugazes que te foram concedidos nesta terra" (Eclesiastes 9:7-9). A mulher que me procurou naquele dia porque achava a vida entediante e sem sentido, o homem com dificuldade de olhar para o futuro de uma vida em que não será mais capaz de fazer as coisas pelas quais sempre havia definido a si mesmo, fariam bem em ponderar sobre o conselho que o autor do Eclesiastes encontrou quando enfrentou essa questão. Eu não conheço resposta melhor.

CAPÍTULO NOVE

Dê a Deus o benefício da dúvida

Quando foram fundados, em 1776, os Estados Unidos viam-se como uma nação cristã, referindo-se com isso a uma nação protestante. A proibição constitucional do estabelecimento de uma religião para a nação, provavelmente, significava que nenhuma denominação protestante teria posição oficial acima das outras, ao contrário do que acontece em muitos países europeus. Havia uma comunidade católica romana significativa em vários estados, e nunca houve dúvida sobre seus membros serem plenamente aceitos como cidadãos americanos. Um de meus fatos curiosos favoritos na história americana é que, na comemoração da independência dos Estados Unidos, na Filadélfia, em julho de 1776, houve uma enorme festa ao ar livre com comida e bebida, em que foi montada uma seção de comida *kosher* para que os cidadãos judeus se sentissem totalmente reconhecidos como membros da nova nação.

Essa autoconsciência teológica funcionou muito bem até a década de 1840, quando a fome na Irlanda e conflitos violentos entre os vários principados da Itália, no movimento para a unificação, enviaram um fluxo de católicos romanos para as terras americanas. Numericamente, eles não mudaram a demografia dos Estados Unidos e, politicamente, tiveram um impacto mínimo, mas, do ponto de vista psicológico, abalaram as fundações de nossa autoimagem como uma nação protestante tolerante. Houve revoltas anticatólicas, discriminação anticatólica nas contratações para empregos ("Irlandeses não precisam se candidatar") e, em casos raros, incêndio de conventos católicos. Levaria décadas até que os católicos alcançassem plena aceitação, e, mesmo então, o nível de aceitação em alguns aspectos era incompleto. Eu morava em Lawton, Oklahoma, e servia como capelão militar no posto local do Exército em 1960, quando John F. Kennedy, um católico romano, foi eleito presidente, e me lembro das piadas nervosas que meus vizinhos faziam, vendo a eleição de Kennedy como o primeiro passo de um plano para que o papa assumisse o controle da vida americana.

Mas o conflito se acalmou, a população protestante, aos poucos, entendeu que seus vizinhos católicos eram, na verdade, muito parecidos com eles (com frequência, a diferença era apenas a qual igreja se deixava de ir no domingo de manhã), e os Estados Unidos passaram a se ver como uma nação cristã que acolhia tanto seus cidadãos protestantes quanto católicos e incluía a observância do Natal e da Páscoa no calendário.

Essa autoimagem foi depois desafiada nos anos que se seguiram ao assassinato do czar da Rússia em 1881. Tumultos e pogroms antissemitas, nos primeiros anos do século XX, fizeram grandes levas de judeus, russos, poloneses e li-

Dê a Deus o benefício da dúvida

tuanos (meus pais e os pais de minha esposa entre eles), a embarcar em navios em busca de uma vida nova na América. Uma vez mais, esses recém-chegados étnicos encontraram obstáculos à aceitação plena.

Ainda que não tão violenta quanto o anticatolicismo de meados do século XIX, a discriminação foi pelo menos tão intensa e forte, amplificada pelo fato de que os judeus do Leste Europeu, ao contrário dos imigrantes irlandeses, tinham aparência e roupas diferentes de seus vizinhos americanos e muitas vezes não falavam inglês. Havia discriminação em moradia e discriminação em emprego (o que levou os imigrantes judeus a buscarem trabalhos em que poderiam ser seus próprios chefes, resultando em um sucesso impressionante em áreas como varejo e a indústria do cinema). Houve limites para a chegada de novos imigrantes durante a Depressão, porque não existiam empregos suficientes para as pessoas que já estavam no país. A discriminação não diminuiu até depois da Segunda Guerra Mundial, quando jovens das fazendas e pequenas cidades do Meio-Oeste serviram nas forças armadas ao lado de jovens judeus do Brooklyn (parecia que toda unidade militar em filmes sobre a Segunda Guerra Mundial tinha um judeu do Brooklyn) e descobriram que eles eram como todas as outras pessoas. Nesse ponto, a autodefinição dos Estados Unidos mudou e começamos a falar de nós mesmos como uma "nação judaico-cristã". Havia judeus em posição de destaque em cargos públicos, na Suprema Corte e nos altos escalões da educação superior.

Então, quando o século XX deu lugar ao XXI, tomamos consciência de uma considerável e crescente população muçulmana em nosso meio, cada vez mais assertiva no que se referia às suas necessidades religiosas (atletas profissionais competindo enquanto guardavam o jejum durante o Ramadã) e preferências políticas (posições comunitárias sobre questões de políticas do Oriente Médio receberam particular atenção). A autodefinição dos Estados Unidos como uma nação judaico-cristã os deixava de fora e, lenta mas continuamente, a cultura dominante foi tendendo a maior inclusão. Primeiro, os porta-vozes públicos, depois, chegando até o cidadão comum, cristãos e judeus americanos estão aprendendo, aos poucos, a falar de si mesmos como "herdeiros da tradição abraâmica", uma vez que cristãos, judeus e muçulmanos veem em Abraão seu fundador espiritual.

Essa parecia uma solução que agradaria a todos, exceto aos estudiosos da religião, que entendiam que cada uma das três fés monoteístas lia as mesmas Escrituras e reverenciava o Abraão que ali encontravam ali, mas cada uma delas encontrava um Abraão diferente nas páginas do Gênesis. O professor Jon Levenson, de Harvard, escreveu um resumo excelente da questão intitulado *Inheriting Abraham: The Legacy of the Patriarch in Judaism, Christianity, and Islam* (2012). Nesse livro ele documenta como a imagem de Abraão apresentada em cada uma dessas tradições mal seria reconhecida pelas outras duas.

Levenson cita o teólogo católico Karl-Josef Kuschel, que escreveu que "judaísmo, cristianismo e islamismo são três religiões diferentes, não apenas três confissões diferentes de Abraão". Para os judeus, Abraão é, antes de tudo, um ancestral, o progenitor de um povo que vivia no serviço de Deus. A teologia é um distante segundo lugar para as pessoas do relato bíblico — acreditar é menos importante que perten-

Dê a Deus o benefício da dúvida

cer. Essa perspectiva continua até os dias de hoje. Para os cristãos, Abraão é o fiel por excelência, o pioneiro do monoteísmo. Em um mundo de cultuadores de ídolos, Abraão afirmou a existência de uma única divindade todo-poderosa. Paulo se refere a ele como "o pai de todos os que têm fé" (Romanos 4:11). Para os muçulmanos, Abraão é o símbolo da obediência incondicional, como é exemplificado em sua disposição a sacrificar o próprio filho amado (Isaac na Bíblia hebraica, Ismael no Corão) em resposta à exigência de Deus.

Que essas três grandes religiões tenham noções diferentes de uma relação adequada com Deus não é tão surpreendente. O que é notável é que todas as três baseiam sua teologia, e seu entendimento do papel de Abraão nela, em uma única frase do livro do Gênesis, uma linha que desafia uma tradução clara e definitiva. O versículo, Gênesis 15:6, diz: "Ele [Abraão] [fez algo; o hebraico é desesperadoramente ambivalente] para ou por Deus, e Ele [Deus] reconheceu isso nele como meritório." O que Abraão fez para ou por Deus e por que Deus ficou com uma impressão tão boa? Isso é aberto a interpretações.

O verbo hebraico no centro do versículo é *he'emin*. Ele está relacionado com a palavra "amém", que geralmente não traduzimos e usamos nessa forma para indicar concordância ou endosso. Seus cognatos hebraicos incluem palavras que significam "confiança" e "fidelidade". O modo como ele é entendido em Gênesis 15, geralmente, refletirá a teologia do tradutor, e as traduções bíblicas padrão variam de acordo.

A King James Version (do século XVI, contemporânea de Shakespeare) diz: "Ele *acreditou no* Senhor [itálicos meus] e Ele lhe teve isso em conta de justiça." Ou seja, a fé de Abraão era uma questão de crença correta.

145

A Revised Standard Version, uma revisão protestante da King James, de 1953, nos oferece: "Ele confiou no Senhor e Ele reconheceu isso nele como justiça."

A primeira tradução judaica padrão para o inglês (1917, atualizada em 1946) segue, em grande medida, a King James com umas poucas mudanças, dizendo: "Ele *acreditou no* Eterno [itálicos meus] e Ele lhe teve isso em conta de justiça." Uma atualização dessa obra, publicada em 1985, passou por uma revisão rigorosa e traz: "Porque ele *pôs sua confiança no* Senhor [itálicos meus], Ele reconheceu isso em seu mérito."

A Bíblia de Jerusalém, produzida por estudiosos católicos romanos, introduz uma nova nota: "Abraão creu em Iahweh, e lhe foi tido em conta de justiça."

O reverendo James Moffatt, um clérigo protestante que escreveu na década de 1930 e cuja abordagem pode ser resumida como "isto pode não ser o que o texto diz, mas é isso que ele significa", traduziu esse versículo fundamental como "Abraão confiou no Eterno, que contou sua confiança como religião real".

O que, então, essa passagem importante, mas desafiadora, está tentando nos dizer? Aprendemos que Abraão tinha sentimentos positivos sobre Deus, não necessariamente traduzidos em atos, e que isso agradava a Deus. Faz diferença se Abraão confiava ou acreditava em Deus? Eu sugeriria que faz uma diferença significativa. Acreditar em Deus é uma afirmação sobre Deus, que Ele existe e não é produto da imaginação. É teologia mais que comportamento, e teologia é algo que existe dentro do coração e da mente do indivíduo. Confiar em Deus é uma declaração sobre Abraão, que Abraão estava preparado não só para afirmar a realidade de Deus,

Dê a Deus o benefício da dúvida

mas para ter confiança em Deus, para confiar que Deus faria o que havia prometido fazer. Por essa razão, ele estava preparado para agir em obediência às exigências de Deus. Dois de nossos tradutores, o reverendo Dr. Moffatt e a versão de 1962 da Sociedade Publicadora Judaica, usam especificamente a palavra *"trust"* (confiança). Enquanto a teologia existe dentro de um indivíduo, a confiança existe entre pessoas. Ela pressupõe um relacionamento. O versículo, então, seria sobre a natureza de Deus conforme expressa em seus atos. A fé de Abraão não era tanto na existência de Deus (realmente existe alguém lá em cima), mas na confiabilidade de Deus, a confiança de que Ele fará o que disse que faria. Abraão acreditou na palavra de Deus quando Este prometeu fazer dele o progenitor de um povo importante, embora Abraão e sua esposa já fossem idosos e não tivessem filhos.

Minha inclinação é seguir essa última leitura. O que Abraão afirmou, e pelo qual Deus reconheceu-lhe o mérito, não foi sua fé de que Deus existia, mas sua fé de que podia confiar nas promessas de Deus. Como sugeri em um capítulo anterior, quando minha esposa afirma que acredita em mim, ela não está só dizendo que eu existo. Ela está dizendo que pode confiar que eu farei o que é certo. Abraão fez por Deus a única coisa que Deus não poderia fazer por si mesmo. Ele Lhe deu o benefício da dúvida. Ele confiou em Deus. A fé de Abraão foi a fé de que, o que deve ser, um dia será.

Quando vim a entender o verbo no centro de Gênesis 15:6 com o significado de que Abraão confiava que Deus manteria sua promessa e que Deus apreciou que ele tivesse feito isso, percebi, pela primeira vez, que essa poderia ser a chave para compreender a história mais enigmática de toda a

Torá, Gênesis 22: "Algum tempo depois, Deus pôs Abraão à prova. Ele lhe disse (...) 'Toma teu filho, teu especial filho Isaac, a quem amas. Vai com ele à terra de Moriá e oferece-o lá como sacrifício'" (versículos 1-2).

Por que Abraão se mostra tão pronto a obedecer à ordem se esta representa a destruição de seu sonho mais querido? Li essa história mais de cem vezes e nunca me senti à vontade com ela. Nós a lemos publicamente na sinagoga nas Grandes Festas. Consultei todos os comentários que pude encontrar, da visão tradicional de que Deus estava testando os limites da fé de Abraão à teoria do discípulo de Freud, Theodor Reik, de que essa era, originalmente, uma versão de um ritual de passagem à vida adulta de uma sociedade antiga, o teste da coragem de um jovem fazendo-o enfrentar uma experiência de ameaça à vida antes que ele pudesse ser aceito como adulto. (Nos Estados Unidos, o equivalente contemporâneo seria o futebol americano no ensino médio; entre os judeus americanos, é o bar mitzvah.) Nunca encontrei uma interpretação que levasse a história a realmente fazer sentido ou que me fizesse capaz de admirar Deus por fazer a exigência ou Abraão por se mostrar tão pronto a obedecer. Quando nosso filho estava fatalmente doente e alguns de meus amigos cristãos e judeus mais tradicionais insistiram que eu seguisse o exemplo de Abraão e aceitasse a decisão de Deus de que a criança deveria morrer, em um ato reflexo, eu me rebelei. Não tinha nenhum interesse em servir a um Deus que pedisse isso a seus seguidores.

Mas ao ponderar sobre o significado de "*he'emin*" em Gênesis 15:6, pela primeira vez posso ver essa história fazendo sentido. De acordo com Gênesis 15:6, na interpretação que defendo, a base da fé de Abraão era que ele confiava em

Dê a Deus o benefício da dúvida

Deus; não que ele afirmava a existência de Deus, mas que afirmava a confiabilidade de Deus. Deus faria o que havia dito que faria. Abraão confiou que Deus manteria sua promessa de fazer dele o progenitor de uma grande nação. Ele estava preparado para levar adiante a ordem de sacrificar Isaac *porque confiava que Deus manteria essa promessa*. Ele confiava que Deus interviria no último momento para que sua promessa de progênie não fosse frustrada, e isso, claro, foi exatamente o que aconteceu. "Um anjo do Senhor o chamou do céu (...) e disse: 'Não ergas a mão contra o menino e não lhe faças mal'" (Gênesis 22:11-12). Em certo sentido, Abraão estava testando Deus tanto quanto Deus o estava testando. Abraão é como a trapezista no circo que tem de estar 100% confiante de que seu parceiro estará ali para segurá-la. Sem essa confiança, o ato não pode funcionar.

(Advertência: Não tente fazer isso em casa. Não dê como certo que Deus nunca deixará nada ruim acontecer à sua família porque vocês são boas pessoas. Você não é Abraão, e Deus não lhe prometeu nada como o que havia prometido a Abraão.)

Isso é o que significa dar a Deus o benefício da dúvida. Envolve ter uma visão do mundo não só como ele é, mas como ele pode ser, e acreditar que um dia será. A fé de Abraão é uma "teologia do ainda não".

Trinta e cinco anos atrás, comecei meu primeiro livro com estas palavras: "Há apenas uma pergunta que realmente importa: por que coisas ruins acontecem a pessoas boas?" Neste último capítulo deste livro, eu faria outra pergunta, igualmente fundamental: Podemos confiar no mundo? Este é um mundo em que as pessoas podem contar que receberão o que merecem? Olho para as evidências e não posso dizer que sim, mas me recuso a dizer que não, portanto, respondo: "Ainda não."

Nas palavras do rabino Lord Jonathan Sacks, o recém-aposentado rabino-chefe das sinagogas ortodoxas do Reino Unido, em seu livro *Uma letra da Torá* (2000), "o judaísmo não começa em admiração pelo que o mundo é, mas em protesto porque o mundo não é o que deveria ser". A insistência de que o mundo ainda não é o que Deus pretendeu que ele fosse é, em minha opinião, um tipo mais honesto de fé do que uma atitude de, "se Deus fez o mundo assim, com doença, crimes e desastres naturais, isso deve significar que Ele quer que seja assim, até, e a menos que, Ele intervenha para mudá-lo".

Os leitores de certa idade talvez se lembrem da paráfrase que Robert F. Kennedy fez de *Volta a Matusalém*, de George Bernard Shaw: "Algumas pessoas olham para o mundo como ele é e perguntam 'Por quê?'. Eu olho para o mundo como ele poderia ser e pergunto 'Por que não?.'" Eu parafrasearia o desafio como: "Algumas pessoas veem o mundo como ele é e dizem: 'Acho que Deus o queria desse jeito, então, tudo que posso fazer é aprender a viver com isso.' Um antigo provérbio diz: 'Se você vir um homem cego, chute-o. Por que você deveria ser mais bondoso do que Deus?' Outros veem o mundo como ele é e perguntam: 'Que tipo de Deus ia querer este tipo de mundo, com guerras, pragas, terremotos e todas as outras calamidades que enchem as páginas dos jornais todas as manhãs? Um Deus que se sente bem com tais coisas acontecendo não é um Deus que possa me dar a coragem para trabalhar por um dia novo e melhor.'"

O poeta Archibald MacLeish, em sua peça de 1958, *J.B.*, baseada no livro bíblico de Jó, põe estas palavras na boca de

Dê a Deus o benefício da dúvida

um de seus personagens: "Se Deus é Deus, Ele não é bom, / Se Deus é bom, Ele não é Deus." Ou seja, ou Deus é incapaz de fazer com que este se torne um mundo melhor e, nesse caso, Ele não é o Mestre do Universo todo-poderoso que fomos criados para acreditar. Ou, então, Ele é capaz de tornar o mundo melhor e escolhe não fazê-lo e, nesse caso, é poderoso, mas não tão bom.

Eu proporia uma terceira alternativa a ter de escolher entre um Deus cruel e um Deus fraco. É o que eu chamo de teologia do "ainda não". Ela nos chama a ver tudo que está errado no mundo como ele é agora, mas se recusa a aceitar que ele tenha de ser assim para sempre. Há forças lutando para fazer do mundo um lugar melhor, e eu vejo essas forças como incorporações da vontade de Deus.

Se você estivesse vivendo na Espanha no século XV, em um tempo em que a Espanha era a nação mais poderosa da Europa, teria tido de lidar com a Inquisição como uma expressão de autoridade religiosa e política, com pessoas executadas pela crença "errada", e poderia, muito bem, ter perguntado a si mesmo: "É isso que é religião? Tortura e ameaças de morte para fazer alguém acreditar? Religião não deveria ser algo como cultivar os atributos divinos de bondade e reverência pela vida?" E a resposta teria sido: "Sim, com certeza, mas ainda não." Com o tempo, as pessoas passaram a reconhecer que religião forçada não é religião genuína, mas custou para que isso fosse compreendido. A mente humana evoluiu devagar, até superar sua aprovação da tortura em nome de Deus.

Se você estivesse vivendo na Alemanha ou em um dos países ocupados pelos nazistas na década de 1940 e tivesse de testemunhar os assassinatos, campos de concentração e

AS NOVE LIÇÕES ESSENCIAIS QUE APRENDI SOBRE A VIDA

violações das regras mais básicas de comportamento, imagino que poderia ter se perguntado: "Onde estão as nações do mundo amantes da liberdade e da verdade? Por que não estão fazendo algo em relação a isto?" Elas acabaram fazendo algo em relação àquilo, reunindo a força militar mais poderosa que o mundo já vira, mas só depois que milhões de pessoas inocentes já haviam sofrido e morrido. As forças do ódio podem causar muito dano antes que as forças do bem consigam encontrar a disposição de resistir a elas.

Eu nasci em 1935. Durante minha infância, meus pais temeram todas as doenças que poderiam ter afetado minha vida: caxumba, sarampo, catapora, pólio. Mas minha geração viu pesquisadores médicos se recusarem a aceitar a ideia de que essas doenças tinham que ameaçar cada nova geração simplesmente porque haviam sempre sido parte da infância e, uma por uma, aprendemos a tratá-las e, depois, a preveni-las. Isso é o que uma teologia do ainda não nos oferece.

Nosso filho morreu de um mal tão raro que talvez existam menos de duzentas pessoas no mundo afligidas por ele. No entanto, há médicos e pesquisadores médicos dedicando-se, neste momento, a encontrar um tratamento e cura. Eles se recusam a dizer: "Essa doença afeta tão poucas crianças. Por que não podemos simplesmente aprender a viver com ela?" Em vez disso, eles dizem: "Essas duzentas e poucas almas belas e jovens merecem uma chance de viver e se desenvolver. Quem sabe que coisas maravilhosas elas podem ser capazes de fazer se lhes proporcionarmos uma longevidade normal? E quem sabe a que outros benefícios um tratamento para a progéria poderia levar?"

Sou rabino. Visito pessoas em hospitais. Oficio funerais. Seguro as mãos de filhos e filhas enlutados, esposos enluta-

Dê a Deus o benefício da dúvida

dos, pais e mães enlutados. Tenho uma ideia de quanta dor e angústia não merecidas existem no mundo de Deus. Mas, enquanto escrevo estas linhas, comparo o mundo à minha volta com o mundo em que cresci. A alfabetização é hoje quase universal. A educação está amplamente disponível, inclusive a de nível superior e capacitação profissional. As pessoas estão vivendo mais tempo e tendo uma vida mais produtiva.

Em 2005, por ocasião do sexagésimo aniversário de morte de Franklin Roosevelt, estive presente a uma reunião onde ele foi lembrado. A pessoa que presidia o programa compartilhou conosco um livro que havia sido publicado recentemente sobre a administração Roosevelt e leu no apêndice os nomes de duas dúzias de figuras de destaque durante esses anos, com seus anos de nascimento e morte. Quase sem exceção, essas pessoas morreram na faixa dos 50 ou 60 anos.

Isso não foi mais do que duas gerações atrás e, em duas gerações, acrescentamos quase 25 anos à expectativa de vida média, e relativamente poucos dos beneficiários estão passando esse presente de mais 25 anos de vida em casas de saúde ou salas de espera de médicos. Fui convidado recentemente a falar para um público de nonagenários. Era preciso ter pelo menos 90 anos de idade para participar do grupo. Havia umas cem pessoas na audiência, e quando terminei de falar, eles me fizeram algumas perguntas muito perspicazes.

Algum tempo atrás, não muito tempo, o desejo de que uma criança recém-nascida vivesse até os 80 ou 90 anos poderia ter parecido uma fantasia, ou, então, uma previsão de anos de reclusão. Mas a reação de "isso não é possível" evoluiu gradualmente para uma reação de "ainda não" e, depois, para uma realidade comum.

Abraão cresceu em um mundo em que religião significava cultuar ídolos. Religião significava tentar subornar Deus para que Ele atendesse seu pedido. Na época em que ele morreu, a religião havia amadurecido para um esforço de aprender a vontade de Deus e viver em harmonia com ela, em vez de instruir Deus sobre como Ele deveria governar o seu mundo. Abraão cresceu em um mundo em que reis tinham o poder supremo sobre a vida e a propriedade de seus súditos. Suas aulas na escola de domingo, provavelmente, pularam os episódios em Gênesis 12, 20 e 26, em que Abraão e Isaac sentem-se forçados a entregar a esposa para o rei local, para que este não os mate e tome a mulher por si mesmo. Os descendentes de Abraão hoje vivem em um mundo em que, na maioria dos países, os governos são livre escolha do povo e, onde isso não acontece, dizemos "ainda não". Abraão cresceu em um mundo em que os fortes dominavam os fracos e os fracos não tinham a quem recorrer. Isso ainda ocorre em muitos lugares hoje, mas, nesses casos, não dizemos mais "Essa é a natureza humana". Dizemos que chegará o tempo em que isso parecerá tão inaceitável quanto o sacrifício de crianças e o direito divino de reis de tomarem a propriedade dos súditos. Para uma teologia do "ainda não", ainda há trabalho a fazer.

O presente de Deus a Abraão foi a promessa de que seus descendentes ensinariam ao mundo o que significa viver na presença de Deus. O presente recíproco de Abraão a Deus foi sua confiança Nele. Apesar de todos os argumentos em contrário, três mil anos atrás, Abraão deu a Deus o benefício da dúvida. Isso é como entendo o significado daquele versículo crucial em Gênesis. Ele confiou que o que deveria ser, mas não era, um dia seria. E como os descendentes lineares

Dê a Deus o benefício da dúvida

e espirituais de Abraão adotaram sua teologia implícita de "ainda não", boa parte dessa visão se realizou e, para onde quer que eu olhe, pessoas estão trabalhando para fazer com que o resto dela se torne realidade. Este mundo ainda não é o mundo que Deus pretendia que ele fosse. Alguns seres humanos o fizeram pior, e continuam a fazê-lo, enquanto outros o fizeram e continuam a fazê-lo melhor. Eu me apoio nas palavras de Martin Luther King Jr., citando Theodore Parker, um abolicionista que morreu em 1860: "O arco do universo moral é longo, mas se curva na direção da justiça." E ele se curva na direção da honestidade, do perdão e da generosidade. Os herdeiros de Abraão, quer se identifiquem como judeus, cristãos ou muçulmanos, honram a memória de Abraão compartilhando sua fé de que o mundo em que vivemos ainda não é o que Deus pretendia que ele fosse e trabalhando para trazer o dia em que o que deve ser, será.

Carta de amor para um mundo que pode ou não merecê-la

Querido mundo,

Passamos por muita coisa juntos nas últimas oito décadas, você e eu. Casamentos, nascimentos, mortes, realizações e decepções, guerra e paz, bons momentos e momentos difíceis. Houve dias em que você foi mais generoso comigo do que eu poderia ter merecido. E houve dias em que você me tirou coisas a que eu sentia que tinha direito. Houve dias em que você parecia tão incrivelmente belo que eu mal podia acreditar que você era meu, e dias em que partiu meu coração e me deixou em lágrimas.

Mas, com tudo isso, eu escolhi amar você. Eu amo você, quer mereça ou não (e como medir isso?). Amo você, em parte, porque é o único mundo que tenho. Amo você porque gosto mais de quem eu sou quando o faço. Mas, principalmente, amo você porque amá-lo faz com que fique mais fácil para mim ser grato pelo hoje e esperançoso pelo amanhã. O amor faz isso.

Com carinho,

Harold Kushner

Uma nota sobre o autor

Harold S. Kushner é rabino laureado do Temple Israel em Natick, Massachusetts, tendo servido por muito tempo essa congregação. É autor do famoso *Quando coisas ruins acontecem às pessoas boas*. Em 1995 foi homenageado pela Christophers, uma organização católica romana, como uma das cinquenta pessoas que fizeram do mundo um lugar melhor no último meio século, e em 1999 a organização nacional Religion in American Life o escolheu como clérigo do ano.

Este livro foi composto na tipologia Minion Pro,
em corpo 11,5/15,3 e impresso em papel offwhite,
no Sistema Cameron da Divisão Gráfica
da Distribuidora Record.